席音 ——— 著

是配得上你的优雅 ———

做一个会说话受迎的女人

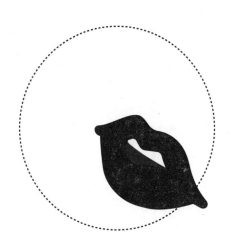

天津出版传媒集团

天津人民出版社

图书在版编目（CIP）数据

让言值配得上你的优雅：做个会说话受欢迎的女人 / 席音著.
-- 天津：天津人民出版社，2018.6（2019.2重印）
ISBN 978-7-201-13339-3

Ⅰ.①让… Ⅱ.①席… Ⅲ.①女性－口才学－通俗读
物 Ⅳ.① H019-49

中国版本图书馆 CIP 数据核字（2018）第 084718 号

让言值配得上你的优雅——做个会说话受欢迎的女人
RANGYANZHIPEIDESHANGNIDEYOUYA
ZUOGEHUISHUOHUASHOUHUANYINGDENVREN

出　　版	天津人民出版社
出 版 人	刘　庆
地　　址	天津市和平区西康路 35 号康岳大厦
邮政编码	300051
邮购电话	（022）23332469
网　　址	http://www.tjrmcbs.com
电子邮箱	tjrmcbs@126.com

责任编辑	赵　艺
特约编辑	刘江川
装帧设计	仙境书品

制版印刷	三河市华润印刷有限公司
经　　销	新华书店
开　　本	880×1230 毫米　1/32
印　　张	9
字　　数	170 千字
版次印次	2018 年 6 月第 1 版　2019 年 2 月第 2 次印刷
定　　价	39.80 元

女人的优雅应该由内而外

怎样才算是一个优雅的女人？

关于这个问题，应当没有特别标准的答案。对于相貌美丽的人来说，也许体态美一些、有内涵一些就算是优雅了，所以她们更需要培养内涵和仪态；对于仪态美的人来说，可能她们缺乏让人眼前一亮的五官，所以更向往有一张美丽的脸蛋；对于外表美好的女人来说，她们更需要内涵来填充自己……

但有一点是毋庸置疑的，优雅绝对不是单薄的某个方面的美，而是一种全方位的、多角度的美，是关于美丽和魅力的最高诠释。

现在社会，大多数女人都不会甘于去做一个人群中的丑小鸭。俗话说"没有丑女人，只有懒女人"，为了美，女人们可不懒，所以姑娘们打扮得越来越精致，也是理所应当的。越是如此，我们就越是应该关注优雅的另一个组成部分，那就是内涵。

一个优雅有气质的女人可不能光看起来美，也要有内涵，不

然一张口就容易破坏美丽的假象，岂不是令人大跌眼镜？所以，我们更强调女人的优雅，应该是有气质的，而且这份气质应该由内而外，内修是基础，外表的美丽才是锦上添花。

一个要有颜值的女人，首先应该有"言"值，不然一张嘴就气质无存了，更何谈能够优雅？这一点，我也是看到别人才意识到的。

我曾见过一个看起来格外漂亮的姑娘，和她的同伴打扮精致，在步行街上缓缓走过。当时，堪称是眼前的一道风景线，就算是同为女性，也不能不说只有欣赏而没有妒忌——因为实在是太美了。

可是美女走近了，听到她正在绘声绘色跟同伴咒骂着某个办公室同事，言语中不乏粗鄙的语言，就让人一下子失望了。这种失望一直在我心中酝酿着，直到很久以后我才意识到重点。

一个女人要外表美丽其实并不难，但是要有内涵，却难了。要在有内涵的时候还会说话，更是一种智慧的体现。

所以，培养优雅的气质，我着重看待"言"值，一个女人如果都不会说话，就算是看起来漂亮那也是木头美人，根本算不上优雅，真正相处起来是没有魅力、无法征服身边人的。所以，一个有魅力又优雅的女人必须要成为一本读不懂的书，却能很好地解读别人，这才是优雅女人的本质。

所以，培养女人的说话能力，势在必行。想要成为一个有优雅气质的女人，不如将放在打扮上的精力分给你的"言"值一二，你会发现整体形象提升了不止一点半点。

一个会说话的女人，必然是优雅有魅力的，吐字之中就彰显着韵律，让人感受到女性的美。所以，说话的韵律、吐字的习惯、讲话的节奏，会影响女人的气质和形象。

一个会说话的女人，一定是善解人意的，所以说出的话总能让别人舒服，因为这一点而受到他人的喜爱。如果你会说话，就一定有好人缘，身边不论异性还是同性都愿意跟你交流，这就是气质优雅的体现。

一个会说话的女人，应该能面对各种难解的场面，就算是为难的拒绝也能说出口，还不会影响别人对自己的态度；就算是再复杂紧张的场面，也能用幽默的语言妙趣横生地化解矛盾，成为那个万众瞩目的"解铃人"。

一个会说话的女人，要有情商，懂得说话的分寸，知道什么时候该说什么话，所以恰到好处便可一语点拨千斤，说出的话总能得到别人的积极回应。

……

会说话的女人应该懂得很多，而她们的优雅也就来源于此。开启这本"言"值之书，相信你会从中找到关于女人如何才能获得优雅气质的答案。

目录

第一章　让你的言值配得上你的气质

第二章　点到为止，聪明女人懂得说话把握分寸

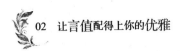

第三章　说话幽默的女人最易受欢迎

第四章　口吐善言，传播语言的正能量

第五章　别做情商低的事，不说低情商的话

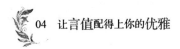

第八章 美好的肢体语言可以给你的社交加分

第一章

让你的言值
配得上你的气质

吐字如兰，女人的气质就在嘴边

气质，是一个玄之又玄的词汇。

它是一种美的传达，让你一看到有气质的人，自发自觉地给对方笼罩上一层光环，怎么看对方怎么美；但它又不是一种直观的美，那种气质美，可能不是凭借出色的五官来展现的，也不是漂亮的衣着，更不是时尚的妆容，只是一种感觉。

所以，一个漂亮的形象是容易修炼的，俗话说"三分天注定，七分靠打扮"，爱美的女人总少不了美丽的办法。但是，一个有魅力的气质是不容易养成的，这是只可意会而不可言传的东西。

有气质的女人不仅安静的时候美，动起来也美，张口说话的时候更美。这种美，可以用"吐字如兰"来形容。并不是说她们张口说话，就能发散兰花一样的香气，而是她们说出的话，就像兰花一样馨香馥郁，又有恰到好处的迷人。会说话的女人，就具备这样一种可以流动的气质。

所以，修炼气质的重要一步，就是注意自己"说什么"。平时说什么，同样的内容要怎么说，都是一门学问。修炼到家，你的"言"值才会得到提升，才能配得上你想要的高雅气质。

与之相反，不会说话的女人常常一张口就毁掉所有气氛，哪怕外在形象多么高贵，如果说出的内容跟不上"档次"，一样会让人觉得气质荡然无存，甚至还会因为失望而产生更低评价。

我曾经在一场婚礼上见识过这样一个美人，作为新娘的朋友，她仅仅只穿着一件浅色针织衫，配上一条黑色九分裤就已经足够勾勒出美妙的身材，别说是旁边精心装扮的伴娘被她衬得黯然失色，就连绝对的主角——新娘本人都没有这位姑娘这么引人注意。毕竟，新娘已经名花有主了，而这位单身的女孩，更能赢得同龄男性的青睐。

一时间，她成功成为所有男士背后默默关注、窃窃讨论的对象。我想，肤白貌美大长腿这样的上天馈赠，也只有这样的幸运儿能够集于一体吧！

可是，这个站在那里只要静静微笑，都不必开口就能赢得赞美的姑娘，却没有能将自己的形象保持到最后。婚宴上的气氛越来越热闹，越来越多的人跟她搭讪、与她聊天，姑娘就渐渐放开了自己，越聊越畅快。可是，处在自己最舒服的状态里，她最真实的一面就暴露了出来。

我听到，她不知说起了什么事，豪爽地拍了拍桌子，大声说道：

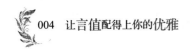

"这就是绿茶婊啊，婊里婊气得姑奶奶见一个打一个！"

这样一口一个"婊""姑奶奶"之类的口头禅，让我脑海中那个静若处子的形象一下子就崩塌了，原本神秘而美丽的形象瞬间转变，与街头巷尾叉腰叫骂的大妈无异。

这样的形象，即便是再好的皮囊又有什么用呢？

事实上，年轻的女孩子中这样的例子并不少见，姑娘们口中的网络热词从来不断，即便是过去听起来有些不堪入耳的谩骂词汇，现在也已经衍生出了新的含义，似乎可以登上大雅之堂了。只有那些年纪不小的妈妈们，才会不停地唠叨着："这样的脏字怎么是女孩子应该说的呢？"

过去，我也觉得偶尔如此无伤大雅，然而伴随着年纪越来越大，出入的场合越来越丰富，见识到的人越来越多，我才发现——越是高层次的人，就越是保守，越是讲究气质。你可能能在新贵的口中听到"牛×"这样的词汇，却绝对不敢在豪门之家说出口，这就是贵族和暴发户的区别，而正是从语言到举止上的这些细节，构成了他们的气质。

《泰坦尼克号》里，Rose 跟 Jack 学着吐口水，显露出她挣脱牢笼、追求自由的勇气和天真无邪、活泼浪漫的美，但那只是因为 Rose 一直谈吐得当、举止优雅，所以偶尔的出格才显得那么有趣。如果 Rose 一直是一个随地吐口水、永远骂骂咧咧的底层女佣，Jack 还会对她一见钟情吗？显然不会。

所以，最初让他一见钟情的，是 Rose 的美丽与气质，在这之后，他才被这个追求自由的灵魂所吸引。

　　青春的美丽会消退，但只有气质是永恒的，所以修炼"言"值上的气质，就像灵魂上的日常保养，年纪越大，就越显露出其重要性。一个讲话有气质的女人，应该至少具备下面这几个特点：

1. 不用极端的词汇来彰显自己的独特，措辞谨慎克制。

　　你要记得，自己早已过了用出人意表的发言来吸引眼球的年纪，过分极端或者激烈的形容，很容易让你显得不成熟、不可靠。

　　任何事情都有其正反两面性，当你坚持一种极端的看法，就相当于完全摒弃了另一种可能性，这种非黑即白的判断方式，只有孩童的世界才会存在，要知道，在成年人的世界里，并不是只有好人与坏人，更加广阔的是中间那介乎于黑白之间的灰色地带。所以，我们在评价一件事或者表达自己的观点时，也应该用谨慎的态度和克制的措辞去形容，足够婉转，才能给自己留下余地，也给持有不同意见的人留下舒适的发言空间。

2. 不要肆意评价别人的事情，更不要随意评价他人。

　　生活中最不缺的就是那些喜欢指点江山的人，动辄便对别人提出一些自己的建议和看法，或者干脆对别人进行指导和评价。但是，这样的人也许并不受人欢迎。

我们不需要有一个人时不时在我们耳边告诉自己"你办事很没有效率""你审美观太差了""你这样会让人烦"……虽然负面的评价和建议也能督促一个人完善自己，但讲这样的话也要拿捏好自己的身份以及与对方的关系。如果你和对方的关系不那么亲近，就不要过于"交浅言深"了，否则很容易弄巧成拙。

而这其中的大忌，则是背着当事人去评价他或者与他有关的事。背后议论他人，比当面批评更令人厌恶，从你口中说出的话，很容易被人曲解，再传回当事人的耳中，也许就会影响彼此的关系，造成一些误会。

3. 不要使用太过粗俗的词汇，避免说脏话。

一个讲话能够让人感觉到有气质的女人，可能说出的内容不是字字珠玑、精辟到位的，可能讲话的声音不是婉转动听、令人难忘的，但其措辞一定是优雅且恰到好处的。一个美人，就是要连说话都不俗的，又怎么能三句话不离脏字呢？现在有很多年轻男女，在语言用词上非常不在意，常常频繁地使用一些不够文雅、有骂人含义的口头语，这样粗俗的话一张口就拉低了层次，让你很难跟别人在正式的场合上交流，更不能够获得足够的尊重。如果不能改掉这样的用词习惯，即便你穿着精致的套装，化着美丽的妆容，也只有狼狈退场的结果。

4. 一个讲话有气质的女人，应该能够让人感到愉悦。

你会发现她们始终带着微笑，习惯于选用一些积极的词汇去鼓励别人，或者能够有效传递一些继续谈话的暗示，这才能够让聊天的气氛始终热烈。如果你总是讲一些消极的词汇，或者喜欢用"哦""嗯"之类比较冷淡的语气词，就会让人觉得与你聊天越来越没劲，甚至让人觉得你是一个毫无激情、非常令人沮丧的人。这样的形象就是孤僻冷淡，而不是优雅迷人了。

有气质不代表在讲话时高冷而令人难以接近。

高岭之花的形象并不代表高雅的气质，真正的高贵应该是时刻表现出对他人的体谅与尊重，时刻传达自己的善意。即便是英国女王在面见自己的民众时，也要带着标准的微笑亲切地向大家挥手致意，可见贵族的气质并不代表高冷，有些人总是过分曲解了，一直没有打造成功，却让人扣上了不礼貌的帽子。

用语言来塑造优雅的气质，能让我们有从内而外的美，这是一门必修课，也是一门要修炼一生的课程，好在时间还很长，我们可以慢慢来。

修炼声线是一门高深的艺术

声线是一个非常有趣的东西，每个人都有自己不同的声线，也因此展现出不同的气质。

有些人的声线与自己的外在形象不吻合，就会出现气质不符的情况，常常令人忍俊不禁。比如看起来是五大三粗的壮汉，讲话却有清亮的少年音；分明看起来是耄耋之年的老人，却因为磁性的声音让人误认为是个美男子……真相，往往让人觉得十分"违和"。

而违和感，可能是破坏气氛最直接的杀手。要做一个谈吐有气质的人，前提就是要有"一把好嗓子"，这样讲话的时候，才能深深地吸引人，而不是因为违和感让人出戏。为什么播音主持专业人士都要练习播音腔？这就是在通过修炼统一的声线，让所有人的形象都统一起来。所以你才会发现，新闻节目的主持人似乎都是"一个模样"，这可不仅仅是着装与妆容的功效，只要他们一张嘴，你就能肯定——没错，就是他了！

这就是声线的魅力，符合气质的声线，能够直接影响人们交谈的结果。即便你的谈话对象不是声控，聆听一个优美动听的声音，总会让他们觉得舒适而放松，也难免会因此多付出一些耐心，这就是语言形象的魅力所在。

声线的控制有些时候并不像你想象的那么难，只要掌握好说话的语调和节奏，用一个你能传达出的最舒服的感觉去发声，就可以让自己的语言形象变得更好一些。一代女神奥黛丽·赫本曾经出演过这样一部经典佳片《窈窕淑女》，这个故事中，赫本脱离了以往美丽而高贵的形象，扮演了一个下层阶级里粗俗的卖花女郎。一位语言学家为了证明语言对一个人的影响，特意选中了这个人人厌恶的卖花女，通过对卖花女讲话的方式进行训练，改变了她的口音、讲话的语调以及说话的节奏，最终将她打造成了一个淑女。当影片的结尾，赫本扮演的卖花女在皇室的舞会上赢得了王子的青睐时，不会有人记得，她就是最开始那个粗俗的姑娘，这就是语言带来的气质上的改变。

即便是赫本这样的气质与美貌，在言辞粗俗、声音尖刻的时候，也无法展现出自己的美，而当她学会了英伦腔之后，用磁性的声音不缓不急地说话，即便是日常交谈也像是在读一首小诗，让人觉得妙不可言。由此可见，声音的美感是多么的重要！仅仅是声线的差别，就会让一个人产生不同的气质。

假如你也意识到了修炼声线的必要性，就可以通过一些日常练习来让自己的声音更动听。也许我们不会像播音员一样，拥有一副那样完美的好嗓子，但也同样可以让自己的声音更优雅动人，具备让人愿意听你讲话的优势。

讲话的声音并非完全依赖于天生，我们完全可以通过后天注意来修饰一些缺陷。比如，你的语速或者讲话时的音量都可以改变，过快的语速让人显得不自信，而且让对方很容易失去与你交谈的耐性；过慢的语速又显得整个人慢吞吞的，很容易让人显得不精神，而从音量上看，如果你讲话的声音太大，不仅会影响到周围的人，也会让倾听对象觉得你粗俗、而没有礼貌，但是音量太小则会影响我们的交谈效果，也会显得不够坦荡大方。

仅仅是这两个点要把握好，就不太容易。当然这也意味着，如果你对自己的声音和说话方式不满意，完全可以通过各种方式去改进，这是有很大的进步空间的。对于那些专业的配音演员来说，别说是伪装别人说话，就算是修炼出一副异性的嗓门，直接给自己扮演男朋友，也不是没有可能的。

1. 说话时的音调一定要注意。

女性最大的问题就是音调过高，所以声音显得尖利。这样的人在说话时就会显得叽叽喳喳，不仅听起来有些烦人，而且会呈现出一种浮躁、不稳重、小家子气的感觉。尖利的嗓门还容易让人显得刻薄，这种与噪音无异的声音只要出现，往往都伴随着周围人的负面观感。未见人面先听声音，有时我们的声音才是第一印象，如果你给别人留下的印象就是"噪声"的话，就算后面有再精辟的发言也没人关注了。

所以，当你的讲话音调过高时，可以尽量压低声音，适当降低自己的语速，这样可以缓解音调过高带来的尖利感，反而具备一种女性声音独特的磁性美。

2. 我们讲话时也要注意音调的抑扬顿挫，千万不要平铺直叙。

如果你在讲话时，总是保持着一个固定的语速和语调，很容易让倾听者产生疲惫感，而难以集中注意力。虽然不至于听着听着就睡着了，但也让我们的交流成果大打折扣，不仅浪费你的时间和精力，也是在折磨对方。

这时你会发现，有些人渐渐地就不爱与你交流了，可能并不是你在无意当中得罪了他，只是因为很简单的原因——你讲话太无趣了。如果你也有这样的问题，就一定要注意讲话时语调的变换。

3. 讲话时要保持口齿清晰，让吐出的每一个字都圆润动听。

能够准确地将我们的想法传达给他人，听起来很简单，但很多人都无法达成，总是出现一些偏差。要么就是在表述想法的时候，因缺乏逻辑性而让听众一头雾水；要么就是吐字含混不清或者语速太快，让人很难听懂，这些都是重要的问题。修炼声线并不只是声音好听与否，吐字是不是清晰也决定了你讲话的效果。

4. 说话声音的大小一样要有所控制。

有些人总是嗓门很大，与人交谈时就像在吼对方一样，在别人看来就比较有攻击性，有些时候还会让人认为这样的人不够友善；还有些人说话声音太小，交流时连对面的人都听不到，这样就会显得气势不足，给人传达一种怯懦、没有底气、自卑的形象，这些都不是一个优雅的女性在交谈时应该具备的。

轻柔的声音是女性美的另一种表现，如果说你不在乎自己的声音是否迷人，就像是瘸腿者要跟别人赛跑一样，从一开始就比别人困难得多。所以，不要仅仅重视仪态、形象够不够完美，多去训练你的声音，也能够让你提升自己的气质，甚至在社会交往中变得更加自信、魅力十足。

气质来源于你良好的行止

美丽可能仅仅来自我们的外表，但气质绝对是由内而外的。一个美丽的女人也许气质不佳，这就会让她外表的美变得低俗，甚至在别人眼中十分乏味；而一个有气质的女人，不管她的长相如何，在其他人眼中都是美的，这是一种独特的美，更是令人见之忘俗的美。

对年轻女孩来说，也许外表的美丽气质更加重要，但伴随着你在职场、社会上不断摸爬滚打，你会发现气质美才是真正的魅力。良好的气质就像一罐精酿的酒，时间越长，香味越足，这才是能够陪伴我们一生的标签，一个优雅的女人必须要有良好的气质。

"为什么我总是显得很没气质呢？"很多女孩都疑惑于这个问题，难道是因为缺乏足够的阅历或者还未经过时间的打磨，所以缺乏气质吗？并非完全如此，如果你有心培养优雅的气质，从日常的言行举止开始注意，一样可以变得动人；如果你始终不在意自己的言行，即便是人到中年，也还是摸索不到展现气质的正确姿态。

我认识的人里，刘小姐就是一个非常重视气质培养的女孩，从小她就被父母送去学芭蕾舞，在常年的舞蹈练习中拥有了挺拔的身躯、优雅的举止，气质自然就出来了。但是不知为什么，还有人说刘小姐不够优雅，看起来不像学芭蕾的。

进入职场后，看着那些充满女人味儿的前辈，刘小姐非常羡慕，她决定把自己也打造成这样有气质的女性。然而现实则是，她除了挺拔的身材外，行为举止常常跟气质毫不搭界。很多人对刘小姐的第一印象都是风风火火、大大咧咧，这让刘小姐觉得非常疑惑：自己明明脾气也算温柔，更是个慢性子，为什么会给别人这样的观感呢？

她询问了几个同事，得到几乎一致的回答："你平时说话的语速太快了，第一次见到你的时候，我就觉得你一定是一个开朗又健谈的人，而且反应也很快。"但是，跟高雅就没什么关系了。

刘小姐将自己的声音录了下来反复对比着听，终于发现了自己缺乏高雅气质的一个重要原因——自己的语速不仅快，而且声音很尖利，一着急就像机关枪一样，有时候吐字还不够清晰。看看那些举止优雅的女性，哪个说话不是不紧不慢、柔声细语，而且吐字清晰的？光听一听自己的声音，就觉得这样的形象一定不是非常有气质的女性。

为了解决这个问题，刘小姐决定每天晚上都进行朗读，努力改变自己的发声习惯。

没错，简单的发声习惯也很容易影响我们的气质，你是否也像刘小姐一样语气跳脱、声音尖利、说话速度很快呢？这样固然昭示了我们开朗活泼的个性，但也很容易给别人带来"这个人还不够成熟，需要历练"的印象，基于这个基础，再想让别人觉得我们有气质就难了。

所以，对于苦恼自己缺乏气质的姑娘而言，首先需要考察的就是你的声音，其次就是你的行为举止。有些时候，姑娘们已经足够乃至于过分重视自己的外表，浮于外的"美丽"不仅足够配得上你，而且已经有些溢出，这就更显得你的气质廉价了。在这种情况下，更需要重视气质上的"硬功夫"，做到吐气，说话讨喜，交流时的行为举止有分寸，人才会显得"高级"。

高级感不是伪装出来的，是通过一言一行来打造，是比外表更能体现体质的。如果你也有培养气质的意愿，不如从以下几个角度去入手。

1. 注意自己的说话方式。

一个有气质的优雅女性，说话时应该音量适中，有节奏感，不能太慢也不能太快，声音圆润并保持清晰，不要有吞吞吐吐的感觉。音色过于尖利的女性应该注意调慢自己的语速，防止在激动时产生破音等失态情况。

2. 我们应该关注自己的行为举止。

挺胸抬头，走路时目视前方，不要驼背塌腰，这是培养气质的基础。当我们坐下与他人谈话时，即便十分兴奋也不能乱动双手或抖动双腿，手舞足蹈的行为是非常影响气质的。想象一下，哪一个稳重的高管在与他人谈话时，习惯做出这样的动作？恐怕很少。所以不管是从培养"言"值的角度讲，还是从一个女人的个人修养上看，我们都应该避免这些行为。

3. 与他人交流时的眼神也决定了我们是否有气质。

有气质的高雅女性并不意味着看人都是高高在上的，随和而温柔的目光反而会让人觉得更加美丽。在他人说话时，看着对方的眼睛，不要东窥西看仿佛内心有鬼，更不要小气地盯着地面或脚尖，这会显得我们毫无底气。

只有做到这些，我们才有了去谈论气质的基础。生活中的一言一行、某一个小小的举止细节，甚至是我们说话的小习惯都会暴露一个人的修养，所以更要从各方面有意识地加以注意。

良言暖三春，懂得赞美的意义

中国自古以来，便有一句俗语——"良言一句三冬暖，恶语伤人六月寒"，赞美他人所能带来的正面意义，也许比你想象当中更加深刻而久远。谁不喜欢获得别人的肯定呢？人类这种社会动物，其实并没有你想象当中的那么复杂，不管你具有怎样的个性、脾气，每个人都有获得别人肯定的欲望。能够从别人的口中听到对自己的赞美和表扬，对谁来说都是一种积极的暗示，都能让他得到心灵上的满足。

然而，夸赞自己容易，真诚赞美别人却越来越难。在孩童时代，可以毫不顾忌说出口的诚心赞美，伴随着年龄的增长，似乎变得越来越少了。当我们认同一个人的想法与态度时，即便是赞美的话也要在脑海中转上半天，犹豫是否要说出口。有些人觉得，赞美别人会映衬出自己不如对方，显得很掉价；有些人顾虑，因为要赞美的对象身份特殊，是不是有奉承之嫌；还有些人介意对方的立场，认为竞争对手不应该获得自己的赞美……原本真情实感的态度表达，却因为种种复杂的影响因素而不能宣之于口了。

其实，要做一个会说话的女人很简单，就是把那些你曾经想说出口，却因各种因素没有说出口的赞美，真诚地表达出来，是将那些不合时宜的负面语言克制地隐藏下去。如果能够做到这一点，你就已经成功了一半。毕竟，你已经成为那能够赞美别人的少数人，只要对方有被肯定的需求，就绝不会对你产生厌恶感。

但就是这样一件小事，也总有一些人觉得困难重重。也许是性格所致，也许是心态不好，有的人习惯于"刀子嘴豆腐心"，即便做的是好事，嘴上说着的话也不那么招人喜爱；还有的人则总是恶语伤人，也许是自己被人肯定的需求没有得到满足，在面对不熟悉的人时也变得苛刻了许多，总是爱批评。

前者总是事倍功半，常常困扰于自己"明明做得最多，却最不受待见"；后者是生活中的大批评家，见到谁都拉着一张脸，这两种人都是缺乏赞美能力的人。这些人，往往会更多感受到生活残酷的一面，因为他们的幸运也伴随着自己不够积极的态度而不断流失。

W 小姐就是前者这样的人，也许是习惯性的"毒舌"，也许是羞于表露自己的肯定和喜爱，你常常能从她的口中听到犀利的评价，却很少有真诚不浮夸的赞美。即便是关系最为密切的朋友，在 W 小姐这里也很少能获得肯定。

当你买了一件新外套，身边人都夸赞很漂亮的时候，W 小姐最高的评价永远是"还行"；当你有事情寻求她的帮助时，W 小姐也许会很痛快地拿过去帮你完成，但一定要加上一句"这点小事都办不好，要你有什么用"；甚至她也吝啬于赞美自己，当你夸她什么地方做得好时，她总会撇撇嘴一脸无奈，仿佛自己做了多么差劲的行为……

在 W 小姐的观念中，似乎赞美别人是一件让人十分羞耻的事情。赞美别人的美，会暴露自己的审美品位，万一你赞美的对象不是那么完美，就会招来别人对自己审美的批评；赞美别人的工作完成得好，会暴露自己的工作水平与态度，显得自己不够高要求、严标准……总之，赞美别人，仿佛就把自己拉下了神坛一样。

所以她总是努力保持着自己"毒舌"的态度，吝啬于表达自己的满意。然而这样真的好吗？ W 小姐作为办公室里工作能力最强、帮助别人最多的员工，却是最令同事头疼的，除非是实在解决不了的问题，否则不会有人寻求她的帮助，因为不想打击到自己的自尊；她也不太受到老板的喜爱，因为她对自己的评价也永远不高，所以老板的判断就受到了影响。她身边的闺蜜也总是跟其他人关系更加亲近一些，想想也是，即便知道 W 小姐的内心是柔软的，人们也更容易亲近那些可以彼此肯定的朋友吧！

所以，W 小姐用语言武装了自己，却推开了别人，让所有人都在她的安全线以外了。

当你吝啬于赞美的话语时，身边人对于获得肯定的日常需求就很难从你那里得到满足，这自然会让他们心生不满。赞美也是一种奉献，做一个奉献者永远是受欢迎的，这比一味索取要来的更好。想要从别人那里获得肯定，为什么不去先赞美一下别人呢？

一个会说话的女人，知道在什么时候赞美别人、赞美什么方面是最合适的。为什么"嘴甜"的人总是受人喜爱？因为他们能恰到好处地说出赞美的话，所以就连遇到陌生人也能迅速拉近关系。如果赞美的时机不对，即便是好话也会被人听出不好的意思，这就有些没有必要了。

我们应该如何去做呢？

1. 不真诚的赞美不如不说。

真诚是成年人的世界当中最为缺乏的品质，却也是一个具有"言"值的女人最应该具备的说话态度。一个人如果无法正确传达出自己的真实看法，是最不会说话的；能够将言不由衷的话说出口，则是稍高一层次；表面上看起来会说话的人，能够把假话也说得很真诚，仿佛嘴上抹了蜜一样甜，则是更高层次；而最会说话的人其实最轻松，那就是将自己真诚的态度展现出来，以话语中的情感打动人。

有些人表面上会说话，总是显得很妥帖，但因为言不由衷所以说的与做的不吻合，稍微用心些就能看破。只有足够真诚，才能表里如一，长久地获得别人的认可。

　　当你带着目的去赞美别人，却搜肠刮肚想不到合适的话时，不如闭口不言。因为此时你并没有发自内心地肯定对方，也没有想要赞美对方的想法，这样说出来的话有没有情感，难道对方还看不出来吗？虚伪的赞美不仅不会给对方带来愉悦的享受，还会在他们的心中扎下一根刺，影响他们对你的看法。

2. 赞美他人要切实，虚伪的夸赞不值得说出口。

　　真诚的赞美者与谄媚的奉承者之间的区别，就在于说的内容是不是切中事实。如果对方的确有值得赞美的地方，那么你的夸赞就会显得恰到好处，也能正好说到他们的心坎里——因为他们自己也是如此想的。但是虚伪的夸赞就相当于是不切实际的奉承了，不仅你内心清楚事实根本不是这样，只要对方对自己的情况有客观的认识，他们也会知道你的赞美并不真实。在这种情况下，双方不过是在获得虚假的满足而已，根本无法留下深刻的印象。

　　就像在公司中，我们身边总会有一两个"马屁精"，平时上司可能跟他们比较亲近，但一遇到事情，还是不会对他们委以重任。虚伪的奉承不过是海市蜃楼，不仅说的人不相信，听的人也没放在心上，并不能提升对奉承者的评价。

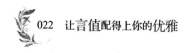

3. 要赞美别人，首先学会肯定自己。

赞美其实不仅仅是说几句话，更多的是一种积极态度的表达，是你愿意肯定别人的一种表现。当你缺乏赞美的能力时，其实就是对肯定别人不太熟练，我相信很多人都有这个问题。而伴随它出现的，就是对自己也一样严苛，吝啬于肯定自己。因此，如果觉得赞美别人的话难以出口，不如先学着赞美一下自己，当你能够肯定自己积极的地方，看别人也会"顺眼"一些，这就是态度上的转变。

4. 夸赞要表里如一，背后的赞美更显真诚。

赞美别人，不只有当面夸赞这一种途径，如果你的夸赞是真诚的，那么即使对方不在面前，你也一样可以将赞美的话与正面的评价说出口。表达欣赏是一种善意的释放，只要你将这种善意释放了出来，即便对方不在你身边，也可以通过其他途径得知你对他的肯定。而这种背后夸赞的行为，还会避免当面赞美的尴尬，让人觉得更发自内心。

同时，只要是赞美的话，总能让说话者显得更加宽容友善、温和大方，即便你在聊天对象面前赞美别人，只要你们能互相认同彼此的观点，那么这种对别人的赞美，也能提升你的形象。一个乐于赞美他人的人与尖酸刻薄的批评者相比，任何人都更喜欢前者，哪怕前者并没有赞美过他们。

　　简单的赞美也可以有多种方式，不管你选择了什么，只要说出口的是良言，就一定能获得益友。适当的赞美并不是坏事，不管是对诉说者来说，还是对听众而言，这都是一个积极的暗示和信号。既然如此，不如多释放一下这样的态度，能够更好地塑造你的形象。

掌握说话的节奏，优雅随之而来

　　一个会生活的人，一定具备节奏感。

　　节奏感不仅仅局限于音乐，任何一件事的发展都有自己的节奏，如果你能够把握住它，并且让这个节奏始终处在一个令自己感到舒适的状态中，就能以最高的效率、最好的心态去做好这些事。这就是节奏感的重要性。

　　谈判演讲需要节奏感，把握好信息传达的节奏，始终引领受众的注意力，我们才能掌控好结果……节奏感就是一种掌控力，只有深入了解过，才能掌握合适的节奏。

　　说话是有节奏的，可有多少人真正具有说话的"掌控力"呢？一个讲话有技巧的人，能够始终掌握好自己说话的节奏，通过语速的快慢、传达内容的丰富与否来调整讲话节奏，这样的人就能掌控好自己的"话"。与有掌控力、会说话的人交流，你会发现聊天不仅仅是一件打发时间的事，你会爱上跟对方交谈的感觉。

哪怕是叙述一件最平常的事情，从他们的口中说出来也会吸引人得多，让你忍不住侧耳倾听。

这就是有节奏感的人在说话时占据的优势，不用哗众取宠，人们就自发聚集到他的身边来倾听他们的讲话，这就是话术技巧。要打造女性优雅的气质和形象，要提升自己的"话语力"，掌握讲话节奏是很重要的。

我认识一个优秀的外企 HR，出于对他们工作的好奇心，我问了许多关于"招聘"这件事的问题，其中就谈到了说话技巧。

这位 HR 很淡定地告诉我，其实他们所能够提出的问题，面试者大多都已经进行了预演和准备。再优秀的 HR 也不能整天发散自己的思维，就为了提出一些奇思妙想、超乎面试者想象的问题。所以，很多面试的过程虽然紧张，但结果都是预料之中的，因为在旗鼓相当的充分准备下，只有实力等因素才能决定一切。

所以，面试时候问什么问题、怎么回答其实并不是最重要的，在回答的过程中面试者的行为举止，对问题的反应方式和交流的态度，才是他关注的东西，这才是脱离了业绩能力、工作证明之外最真实、最感性却也最直观的元素。他说："有时候，只看他们在回答问题时候的讲话节奏，我就知道要不要录取这个人。"

当他们提出一个问题时，80％的面试者都或多或少地对这个问题进行过准备，或者脑海中早就思考了该如何回答。此时，不同人的反应实在是大有不同，高下立判。

最下等的反应，毫无话语的掌控力，在回答问题时语言毫无感情、节奏始终如一、声调极其平淡，让人一听就知道这是在背答案。这样的话就算再天花乱坠，也让人觉得是千篇一律的模板，是精心准备的谎言，连听都听不进去。

中等的反应，则是一听到问题是自己有所准备的，就立刻迫不及待地说出答案。当面试者在脑海中将这一刻模拟过几次之后，在面试时就会下意识地加快回答速度，变得有些"不假思索"。这是因为他心中早就有了一个既定的回答模板，所以就省却了正常情况下该有的思考和卡顿。这样看似流畅，事实上却让人觉得不够真诚、难以取信。很简单，人们会考虑，对方连思考的时间都没有，给出的答案真的是深思熟虑的吗？每一次回答都这样流畅，是不是早就准备好的标准答案？这样的回应态度，难免会让一些人感到疑惑。

而最上等的应对方式，则是在回答之前略微思考几秒钟，有一个停顿让对方感受到你在认真想。同时，在讲述过程中也是有缓有急的，不重要的地方快些讲，遇到重要的信息，可以慢一些或者停顿一秒之后再说，这样就能很好地将信息的轻重缓急传达给对方，也能让自己的讲述更吸引人。

HR 告诉我，如果说"能说会写"是一个人有信息传达能力的体现，那么仅仅是简历写得天花乱坠是没有用的，这只是"会写"，会说、会在讲话的时候达成自己想要的效果，才是有语言表现力、文字掌控力的最终体现。所以，他总是青睐于那些说话有节奏、能掌握谈话节奏的面试者，这些人只要有能力，都会在职场上有自己的一席之地。

掌握谈话的节奏感是一种艺术，绝不仅仅是说话语速快一点或者慢一点的问题，你要懂得什么时候"快"，什么时候"慢"，什么时候应该多讲，什么时候应该略过。只有这样，你讲话的时候别人才愿意听、乐于听，并享受交流的过程。比如，我们可以从下面一些角度去入手，掌握讲话节奏：

1. 把握好用词节奏，掌握好语速。

掌握语速是一个最基础的问题，每个人都有自己特定的讲话语速，即便着急时你会不由自主地加快速度，疲惫时总会忍不住懒洋洋地拖长音调，但是不同人的日常语速还是有很大差异的。有些人讲话时，音节之间的停顿总是很长，这样听起来不仅觉得绵软无力、令人焦急，还容易因为拖长音而显得古怪诡异，仿佛天生带着嘲讽全世界的态度，令人觉得不好相处。但是有的人音节之间缺乏停顿，说话就像"炒豆子"一样，讲述一件事总是过快，令听众难以反应，最终觉得无法交流。这两种极端的情况，都会让人缺乏与你交流的欲望，最终让你"越讲话越没有人听"。

2. 在合理的语速范围内讲话，要有快慢停顿。

在合理的语速范围内讲话，会让你的信息传达得更加到位。不过，这可不意味着我们要时刻将讲话的声音刻意保持在一个速度，如果如此，无异于是老僧念经，很容易就让人疲倦了。

没有快慢停顿的差别，讲话速度始终保持"匀速"，就像是《大话西游》中的唐僧一般，令人觉得喋喋不休、毫无兴趣。我们形容那种"抑扬顿挫"的讲话方式，其中"顿挫"便是掌握好停顿快慢的表现。只有这样，你的话语节奏才是张弛有度的。

3. 在传达重要内容前，不妨停顿一下。

传达重要的内容时，我们总希望别人能够集中注意力，这时加大音量、肢体语言夸张其实并不是最好、最有效的办法，有时你声嘶力竭地嘶吼，反而会达到相反的效果。最好的办法，就是在讲重要的内容之前要有一个停顿，越重要的信息，停顿的时间就可以越长一点，当然这一定要控制在得当的范围内。然后在讲述时可以稍微慢一些，这样才能方便听众给出想要的反应。同样，一个舒适的谈话氛围绝不是时时刻刻紧绷自己，所以我们总要给别人一个"开小差"的机会，让他们可以放松自己的精神。可以在讲到不重要的内容时，采取较快语速、不加停顿的方式去传达，这样对方一般都会知道这是"可以随便听听"的内容。

4. 以停顿来表示思考，让人觉得更可信。

就像那位 HR 所说的，当我们在回答问题前有一点停顿时，就表达了我们在思考，在很多时候，你的态度是否重视就体现在这一点思考上。

对不同的问题，我们一定要掌握好"是否停顿"的技巧。

——"你喜欢我吗？"

——"喜欢。"

如果一个问题更需要你真诚回答，表现出最不假思索的真实态度，就尽量不要停顿，否则就会让人觉得犹豫、摇摆，答案便存疑了。要是你恰好面临跟感情有关的问题，一个停顿说不定就会让对方觉得——"你肯定是在骗我。"

但是，有些问题就需要一些停顿，才能表现出你的谨慎与重视。

——"你确定这个方案可以在期限前给我吗？"

——"我确定。"

这时候，也许就需要一点思考的空间，来证明你"确实是经过深思熟虑才给出答案"，这样会更好地增强别人对你的信赖度。

一个微妙的语言停顿，就可以改变谈话的氛围乃至于传达的信息，这就是语言与情感相结合之后的魅力，是单纯的书面用语无法确切传达的信息。当你也掌握了这门艺术，"言"值一定会大大提高。

任何时候，都要有从容应对的本事

不是所有的事都能按照所预料的过程发展，这就是生活的魅力。当你的生活中出现那些或惊或喜的"意料之外"时，你会如何应对呢？

过于惊讶或者大喜大悲，总会让我们瞬间脑袋一空，仿佛失去了思考的能力，甚至连语言能力也回归到婴儿状态了。这就是为什么，总有些人在震惊之下出现"张口结舌"的情况，情绪影响他们的思绪，最终让他们难以组织出合适的语言来回答。

所以，意料之外的突发事件，才是那个打破一切从容态度的"元凶"，如果一切都按照预想的情况发展，那么你的应对会显得完美许多，但同样也无趣许多。语言艺术的魅力就在于此，我们很难成为一个"会说话"的人，不是因为我们不懂得说话的技巧，而是因为在你的每次交谈之前，你都无法预料到底会发生什么，很难控制讲话内容的走向，这就让不确定因素增强了。任何一个意外出现，都可能让你难以按照自己已知的技巧去应对。

所以，"会说话"很多时候并不是技巧决定的，而是取决于你是否有从容的态度。如果你的情绪总是因为意外而忽上忽下，那说话的"言商"也不会很高，因为情绪始终在影响你的思考。

我的一位朋友在香港读大学的时候，所学的专业与娱乐圈有千丝万缕的关系，因此，对这其中的"猫腻"也算是了如指掌。他曾经告诉过我一个港人众所周知的秘密，那就是千万不要相信"狗仔"小报上的内容。别看香港的民众对这些小道消息都津津乐道，却始终明白，其中真实的内容不过十之一二，剩下的只是彻底的"娱乐"罢了。

香港的娱乐记者拥有一项强悍的技能，那就是激怒自己的采访对象。很多时候，他们会故意用尖酸的问题去戳痛明星的心，总是什么刁钻问什么，什么不留面子、不给人留余地就问什么。

这些问题，无不将明星置于一个极其尴尬的场面。比如陷入感情纠葛的明星，常常会直接被问"是不是男友劈腿某某""是不是因为移情别恋被扫地出门"，若是嫁入豪门，则一定会被问"是不是不被公婆喜欢，备受白眼"等，这些当然是民众内心最关心的八卦，能够引动大家最隐秘的激动与兴奋，但也同样将明星们推到了风口浪尖上，如果真实情况恰好与被问到的问题相符，难免会牵动他们的情绪。

而记者们最想看到的就是这种情绪失控的场面，即便是训练有素的明星，也不能控制自己，很容易便出现口不择言的情况，不管是语出恶言也好，还是对记者破口大骂也罢，这些都可以成为第二天的头版头条，是记者们最乐见的情形。

所以，朋友才笑着跟我说："香港的记者不怕你不骂他，就怕你脾气太好。"如果对这些场面都能够从容应对，躲过他们所设置的所有陷阱，反而就没有"丑闻"可爆，也就没有新闻了。

你看，情绪失控对人的影响，即便是明星这样绝对训练有素的人也不能避免。而在失控的情绪下，你可能说出任何话来，很多想法也许不是内心真正认同的，但只要能成为自己的情绪发泄口，你就什么都愿意说。

所以，从容应对每一个场面，说起来很容易，做起来却不简单。情绪是否能够保持稳定，只是决定你能否从容应对任何场合的一方面因素，面对从未料想的突发状况，你是否有足够的技巧去应对，是否知道该怎么回答，也将决定了你能不能始终保持从容的态度。总有些姑娘一旦遇到自己难以回答的问题，就立刻显得手足无措、张口结舌起来，未免显得有些小家子气。事实上，即便你不能给出对方答案，也可以通过谈话技巧和丰富的经验巧妙地转换话题，最终，通过迂回的方式侧面解决这个问题。由此可见，想要游刃有余地应对各种场合，还是需要不断修炼的。

要修炼从容应对的讲话态度，你可以从一些角度出发，去建立自己的谈话意识。

1. 想始终从容，就要一直保有警惕之心

当我们迈入交际场合时，就一定要有警惕之心。要知道，没有人是毫无目的地参与社交的，不管是为了获得人际关系，还是扩展交际，亦或从别人那里得到信息，大家都会抱着各种各样的目的。

有目的就会有各种突发状况，所以面对交际场合那些常见的小麻烦时，你一定要学会用得体的语言来应对。千万不要将周围的人都看作等待去攻略的"NPC"，也许对方也准备攻略你，从你这里获得好处呢！要是不小心将公司的重要信息在交谈中泄露出去了，实在是罪过罪过。

2. 学会克制情绪，失控时请闭嘴

"说"是一种很好的发泄方式，但在一些公共场所，当你的谈话对象不是与你亲密无间可以分享隐私，不是能够成为你情绪垃圾桶的人时，千万不要随意发泄自己的情绪，闭口不言也许是更好的应对态度。

当你因为一些变故而感到愤怒、喜悦、焦急时，还是要保有最后一丝理智，即意识到自己现在不适合说话。情绪失控更容易让我们选择用"说"来发泄，把平时不想说的、不敢说的和从来没想过的事，全都说出来，这也许会让你一时感到舒适，但过后

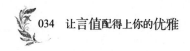

就是无尽的后悔。

3. 对待不知道如何回答的问题，学会"绕圈子"

交际场所中，最常见的"不请自来"的麻烦，就是希望从你这里打探到隐私的人。不管是你的隐私还是公司的隐私，亦或同事的隐私，都不是能与他人随便探讨的话题，一不小心就容易引起负面连锁反应。更重要的是——

你是谁啊，我凭什么把隐私告诉你？

当然，你要是直接把心里话说出来，很容易莫名其妙得罪人，说不定你的坏脾气第二天就传遍整个交际圈了。所以，"绕圈子"的方式是最好的办法，先敷衍着对方再说，至少不能直接得罪人。

4. 不被别人的谈话情绪所影响，始终保持积极

假如别人跟你倾诉苦水，一定要记得从积极的角度去说，千万不要顺着对方的话题进行。如果你也赞同他们不积极的看法，很容易让对方更加愁眉苦脸，而这种消极态度也会影响自己。若是有一天对方摆脱了问题，还容易对你留下不好印象，认为你"也不知道劝劝，就知道火上浇油"，为此得罪人实在不值得。而且，以积极的角度去诠释问题，也可以帮助他们从消极想法中走出来，对双方都是一件好事。

人们都愿意跟情绪积极的人交谈，因为他们的乐观、积极也

能够在谈话时影响别人，这会让人"越聊越开心"。所以，哪怕对方观点充满消极意味，也许他并不想获得你的认同，更多的是希望你能够"拯救"他的情绪，能够用积极的态度把他拉出这个深渊。所以，始终保持积极向上的态度，不仅能带给我们好的情绪体验，也是一种正面的影响力，相信会有更多人喜欢你。

第二章

点到为止，聪明女人
懂得说话把握分寸

说到位的话，是把握分寸的前提

我们常说，要遇到一个对的人，也许你需要走过千山万水，经历无数瞬间，最终才会找到。

在这之前，那千千万万所遇到的人，都不是对的人，只是因为他们没有在合适的时候，出现在合适的地方。

所以，有时候你要选择的不是最好的那个，而是最合适的那个。说话也是一样，你不需要成为一个口才绝佳的辩手，只要懂得把握说话的分寸，一样可以成为会说话的智慧女人。

把握分寸最重要的就是掌握一个"度"，让自己不必说太多也能切入重点。这样的话，就叫说得到位。千言万语，不如一句到位的话更能引起别人的共鸣，否则就是鸡同鸭讲、对牛弹琴，任你使出浑身解数，一样无法得到好的效果。

所以，在掌握说话分寸之前，你需要先找到这个"到位"的点，否则有再多得体的话，一样还是无法跟对方顺畅地交流。

前不久我去银行办理业务，那是一个工作日的下午，银行里人不多，大多也都是已经退休在家的老年人。在等待时，我看到一个满头白发、衣着朴素的老太太走到了窗口前，问银行工作人员："姑娘，存钱是不是在这个窗口呀？"

　　柜台里的姑娘看起来年纪不大，一看到顾客是个老人家，非常有礼貌而且关切地说："阿姨，您要存钱是吗？存钱得先排队，您得先取号再来。"

　　姑娘的话老太太似乎没有搞清楚，她有点疑惑："排队？我排队啦，你现在这里就一个人，等他完了就轮到我了。"

　　我有点明白了，这位老人家大概还不熟悉现在"取号排队"的模式，还以为是以前那种直接排队，轮到自己就可以办业务的形式。所以，她不知道我们这些坐在一旁等待的人都在排队，还以为窗口那里没有人办业务。

　　小姑娘也明白了，但是她似乎不知道该怎么说才能让老人家明白，只是一味解释道："现在排队的方法不一样啦，您得先去自动取号机取了号码牌，然后才能根据号码来排队，轮到您的时候会叫号的。"

　　"怎么排队的办法还不一样了？自动取号机是啥呀？姑娘，你可别骗我，要不你就先给我办了吧！"姑娘虽然已经竭尽全力劝说老人家了，但是老人年纪大了，理解不了这样的新模式。

　　这时，旁边一个年纪不小的银行经理走了过来，对老太太和

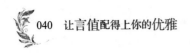

蔼地说："阿姨，您跟我这边来，我给您办业务。取钱是吧？您放心，我带您取。"

听了这话，老太太立刻放心多了："哎，你这样说我就明白了，谢谢你啊姑娘！"

我想，老人需要的并不是多清楚地理解"自动取号"的概念，只要她被别人带领着操作过以后，就能渐渐明白这里面的情况。所以，她更需要一个人"帮助"自己完成这个过程。银行经理和柜台的年轻人都想解决这个问题，但是柜台的年轻人没有搞清楚老人到底需要什么，又到底该怎么交流才能让她明白，所以沟通就毫无效果。

相反，银行经理虽然好像什么都没说，但是一句"我给您办业务"就足以让老人家安心了，让她知道"有人帮助自己"了，之后即便是同样的取号等待的流程，她也能更好地去理解。这就是讲话讲到位的一种体现，你得知道对什么人说什么话，否则就是"秀才遇到兵，有理说不清"了。

说话的技巧其实并不多，只要你掌握了，都能表现得很得体。但是得体是一回事，能否让你的信息传达到位则是另一回事，有时候我们还真需要用"话糙理不糙"的技巧去跟别人沟通，而不是一味追求一种得体的表达。所以，知道什么时候该说什么话，什么时候塑造一个更容易引起对方好感的形象，是很重要的。

归根结底不过是几个小方面：

1. 说话说到点子上，比时刻唠叨更有用。

讲话要讲到点子上，这叫作"到位"，是一针见血的发言。有些人天天说很多话，生怕别人不明白自己在说什么，事实上无形中降低了自己的话语权和讲话的权威性。很简单，因为你说得太多，所以你的话就"不值钱"了。一个有威信、说什么都能得到别人重视的人，就得言出有物，讲话永远在点子上。所以，做一个习惯于总结重点的人，永远说最重要的内容，比天天去强调、唠叨更好。

如果你成了后者，不仅影响自己的形象，别人也会将你的话当作"耳边风"，根本听不进去。这样就算是重要的信息要传达，也无法真正令人重视起来。

2. 说到位，其实就是换一种说法。

说话要到位，有时候并不是内容的改变，而是换了一种说法而已。哪怕结果都是一样，你的表述方式不同，一样会得到不同的效果。

比如不久前，我常合作的广告公司推了一项大业务。不能做这项业务的原因是甲方的要求太多，实在是太困难，时间和精力成本远高于收益，但是为了不得罪这个客户，他们就要用更加婉转的方式拒绝。

如果他们说"您的项目要求实在是太多了，太困难，不能完成"，固然是实话实说，但是很容易引起甲方的反感，毕竟谁也不愿意自己的需求被说成是"要求太多"，这就含有一种抱怨的意味在里面了，甲方怎么会愿意继续合作呢？

但如果他们客气地说"这个项目难度太高，我们实在是完不成"，又不是很合适，因为这样会显得自己能力不足，甲方就要重新估量广告公司的实力了。

所以，他们最终决定这样告诉甲方：

"我们发现这个项目真是个非常好的大项目，只是需要多花一点时间。可是太遗憾了，我们就缺这点时间，已经签约的项目比较多，最近时间安排得很满，估计这次没法完成您的委托了。"

他们先肯定了对方的项目内容，又表达了自己"很忙，有很多客户"的状态，最终才委婉拒绝，这样来说一样达成了目的，对方被拒绝的不满就会小很多。

所以，有时候换一种说法，你的话就能到位很多。

3.说话前，先从对方的角度去思考。

在说话之前，我们应该设身处地为对方想一想，他们需要什么、他们是怎么想的，这样才能把话说得更加到位。比如在银行中服务老人这件事，也许得体而官方的语言并不能让他们很好地理解，你需要像亲人一样热切、朴素地与对方交流，最好使用他们熟悉的家乡语言，才更能让他们放心并拉近距离。所以，从对方的身份、需求出发去思考，你更能找到"到位"的点在哪里。

4. 谈话是一项合作，不是单人表演。

和别人聊天也好，交流也罢，都需要至少两个人存在，所以这绝对不是一项单人表演。如果你把交流当作单口相声，当然可以想说什么就说什么，但是与别人交流，你就一定要考虑到对方，这才是说话到位的前提。

如果永远以自我为中心，很容易忽略别人的想法和需求，说得再多也不够到位，道理就是这么简单。

点到为止，过犹不及

语言的魅力，很多时候就在于你不需要将话说得很直白，别人一样可以明白你的意思。

有些环境下，我们不需要将所有要传达的信息都说出来，将每一句话都说明白，然后再问别人："这样说，你懂了吗？"没错，不必如此。对待什么样的人，可以用什么态度。

如果是一个心思简单直白的人，那么你自然要将自己的话说得十分清楚明白，最好是确定对方一定能领会的那种明白，只有这样才不会出现会错意的尴尬场面。但请相信，我们身边的大多数人都拥有强悍的语言理解能力，也有一定的社交能力，所以对待这些人，你完全可以用恰到好处的语言传达自己想要说的信息，"点到为止"即可，对方自会理解。

点到为止是一种态度，也是一种修养，更是一种高超的语言能力。点到为止的说话方式很有趣味，明明有十分的话语内容，只要说出七分，剩下三分给别人自行领会。这种模式只要把握好，就能让对方在理解你的意思之余，还充分的保留余地和面子，不至于在某些话题上"给人没脸"。所以，越是棘手的话题，就越是要学会把握"点到为止"的度，有时候说得太多，很容易让别人产生反感，这就不值得了。

这种说话的火候，实在是难以掌握，因为它没有什么既定的标准，也没有什么值得参考的对象。对待不同的人而言，"点到为止"的空间是不一样的，所以把握好这个说话的度，不仅要会说话，还要会看人，知道对方有怎样的说话习惯，才能把话说到别人心里。

我的朋友S经理，就很好地掌握了这种话术。作为一名销售部的经理，他有大量的机会接触客户，工作与整个公司的收入息息相关，每个月要完成数额几乎是天文数字的任务，他的压力可想而知。

所以，S经理对自己的下属、销售团队要求非常高。只要完不成任务，遭到了客户投诉，都可能被他叫到办公室批评一顿，让一整个部门的人对他又爱又恨。

为何如此？因为S经理虽然要求高，但是他总知道给别人留面子，批评的话总是点到为止，知道该怎么跟别人交流。

如果是比较有资历的老员工，S经理几乎从来不会直说他们的问题。前阵子有个员工业绩急速下滑，S经理听说他已经准备跳槽。

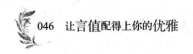

按理说这样的下属以后也不会再共事，完全不用留面子，但是 S 经理并没因此就骂他脸，而是以相当委婉的方式去劝说。

"看你最近心思不定，是不是有什么困难？你以前工作从不让人担心，要是遇到什么困难了，你就及时跟我说，只要我能帮忙的绝对没问题，别自己扛着。" S 经理先是以关怀的态度，稍稍提了提员工最近的工作问题，然后又说："别怪我总让你们拿好的业绩，好业绩不仅代表眼前的高工资，以后晋升也好，跳槽谋别的职位也好，都是一个筹码，对你们影响很深的。所以，还是要用心工作呀！"

该员工听了，立刻觉察出 S 经理已经知道他有跳槽的心态了。但是为了给员工留面子，S 经理并没有点明这一点，只是明确表达了自己的期望——跳槽可以，但是在这之前一定要做好工作。

"你为什么不直接批评他要跳槽了，所以心不在工作上呢？"我问。

S 经理是这样说的："他是个老资历了，我要是直接这么说，他难免记恨我，而且肯定不会听我的，说不定立刻就撂挑子不干。再说，即便现在他跳槽了，以后都是一个行业的，难免用得上，不必要得罪人。"

所以，对待这样的人，S 经理很懂得"话到嘴边留三分"的意思，跟他交流总是非常有面子。但同样，他也知道有些人并不是如此，所以也会在该直白的时候直白。

比如他的下属小李，是个初入职场不久的菜鸟，非常反感 S 经理给他们的压力，并将其说给了周围的人听。他说的时候，虽然经理不在，但办公室大多数人都听到了小李的抱怨。没几天，S 经理就知道了。

　　小李担心极了，生怕 S 经理给自己穿小鞋，直到 S 经理将小李叫到办公室，他就更紧张了。没想到 S 经理先是忍不住笑了："你是不是清楚，自己说我坏话的事让我知道了？我说呢，你最近怎么表现得这么差，原来是吓得！"

　　小李一听就愣住了，经理好像没有很生气？

　　"你不用想这么多，我呀，没准备怎么着你！一开始我也挺生气的，可是想想，你才多大呀，这职场上的事你还不懂呢，我也就不计较了。"S 经理笑着摆了摆手，说，"不过我不计较，你也不能不计较，你得拼命表现，做到最好让我看看，不然你可没资格说我不行。"

　　S 经理解释了，小李才知道，本来 S 经理不准备跟他摊开了说的，只想假装自己不知道。没想到小李吓得工作都做不好了，这才把他叫进来谈了话。

　　小李听了则感到格外羞愧，后来，他在 S 经理手下踏实工作，很快就升了职，对 S 经理也很感激。S 经理告诉我，对待这样的年轻人，你假装不知道、话到嘴边留三分那是没有用的，你得学会摊开了说，才能让他们明白意思。

　　所以，要学会点到为止，还要知道对待什么样的人，有什么标准的"点到为止"。当然，对于大多数人而言，尊严、面子都是很重要的，所以我们在说一些不太好听的话时，就一定要将这些话包装得"漂亮"些，点到为止就是很有必要。千万不要好为人师，总是将大道理翻来覆去地说，对方不仅不容易领情，还会反感。

　　在这个社会上，谁也不是谁的老师，如果你有心说些什么，只要说一次就好，听不听都是别人的事情。千万不要滔滔不绝，掰开了揉碎了一遍遍说，这样不仅不会让你的苦口婆心产生正面效果，还会影响自己的形象。有多少女性就是因为自己太操心、太爱唠叨，所以才有了"嘴碎"的外号？一个会说话的女人，绝对不是多说话的女人。

　　点到为止的说话技巧，其实并不难，掌握几个窍门即可：

1. 千万不要滔滔不绝

　　说话是两个人的事，如果对方对你说的内容不是很感兴趣，你就要记得根据他们的反应"点到为止"，知道什么时候该结束这个话题，而不是坚持将话讲完。

　　任何一场得体而令人感到愉快的交谈，都应该是彼此又能说又能听的状态，而不是单方面地倾听或单方面地说，这是谈话过程当中一个不成文的规则。任何单方面地滔滔不绝，只会让别人感到厌倦，因为任何人都有倾诉的欲望，而倾听能够帮助你了解对方。所以在该当倾听者的时候，果断结束自己的话题去当一个聪明的倾听者，会比一味地坚持说一个对方不感兴趣的事，更令你获得他人的好感。

点到为止不仅仅在传达的内容上，在说话的态度、时间上也是如此。如果是一场该结束的谈话，那么不要犹豫，果断闭上嘴，这也是一种谈话的技巧。

2. 对于夸耀自我的话，更应该点到为止

在交谈的过程中，我们总愿意让对方关注到自身的优点，如果对方没有识趣地做到这一点，很多人忍不住会自行展示这些优点，通过夸耀等方式，试图满足自己的欲望。

然而，这种自我夸耀并不能够获得对方的好感，不仅很容易让别人忽视你的优点，还容易让他们因为你的自夸而产生厌恶，认为你是一个骄矜而轻浮的人。

带有幽默感而恰到好处地自我夸耀，可以被看作是一种自信，但记得这一定是点到为止的。如果想让对方主动对你产生赞赏，你可以展现自己的优势，但只要稍稍一提即可。自夸是一种非常有风险的推销模式，一不小心就容易让别人厌倦跟你的交流，所以在这方面宁可不说也不要总说，如果不得不提，那就在关键时刻稍微提上一两句好了。

"在这方面，我还是有点自信的。"类似这样含蓄而较为得体的方式，只需一两句，愿意听的人自然会放在心上，而不愿意听的人，就算你强调了多次，也不会产生任何效果。所以干脆少卖弄自己，不要总是展现自己的才华，不管对方是否认同，对你们的交谈都没有任何益处。

3. 一句话能说完的事情，一定不要拖到两句

点到为止的谈话模式，就是长话短说，尤其是在传达一些负面的信息时，比如批评，更应该掌握这个窍门，这样才不容易引起对方情绪上的反弹。同样，其他的话题内容也应该做到长话短说，千万别为了谈话而谈话，为了拖延时间，就将一件鸡毛蒜皮的小事来回说。

再美味的食物，反复咀嚼，也会显得过于寡淡而失去味道，更何况你所说的话题，也许在别人听来，不是那么津津有味。所以，不要让别人与你的交谈变成一种礼貌的倾听，你应该多去寻找一些大家共同感兴趣的内容，少而精地去谈论他们，而不是对一个别人不感兴趣的话题无限发挥，那样只会影响你的形象与气质。

在任何场合都要有分寸感

讲话要有分寸感，这是点到为止的另一种体现。一个优雅而有气质的女人，知道在什么场合面对什么人时应该说什么话，这就是一种对分寸感的把握。当我们身处社会中时，不管是日常交往，还是请托他人，都需要与别人进行足够的交流，而掌握这种交流的分寸，有些时候甚至能够决定你能否达成自己的目的，决定了一件事的结果。

不要以为语言没有这样大的魅力，事实上，同样的内容由不同的人以不同的方式说出来，结果是截然不同的。一句话可以让人开怀大笑，也可能让人恼羞成怒，当别人对你的话产生了不同的观感，他们的应对方式和对你的态度当然也就不一样了。所以一个会说话的人，往往在社会生活当中无往不利，如鱼得水，就是因为他们用"语言"这个武器给自己打开了一条道路。

事实上，只要在生活中有所观察，你就会发现只会空谈、不会把握说话分寸的人，很难找到真正愿意听他们说话的人，即便是他们积极参与到聊天中，因为总是不能把话说到位，别人要么就是不解其中的意思，要么就是只为了给他面子才会听，大多数时候都很难让谈话热络起来。如果你也有这种"终结谈话"的能力和困扰，也许就是在某些地方，你缺乏一些谈话的技巧和分寸感。

说话绝对不是两张嘴皮子上下一碰的事情，有分寸感才能说是会说话。一个有分寸、会说话的人，会根据说话的对象、场合、分寸、时机，来改变自己的说话内容和技巧，恰到好处又有原则地将自己的意思传达给对方。不然——也许张嘴还不如闭嘴更容易引起别人的好感呢！

说话要有分寸，注意场合，实在是一个很需要钻研的事。因为分寸感不仅仅是一种话语的掌控力，更来源于你察言观色的技巧。当你说到对方不感兴趣或者十分避讳的话题时候，对方会有明显的抗拒意味，如果能够做到察言观色，就能把握话题的分寸，知道什么时候该说什么话。

所以，要将说话的技巧与察言观色的能力结合在一起，才是时刻塑造"分寸感"的最佳方式。一个会说话的优雅女性，一定是讲话有分寸的，这样才能塑造出完美的谈吐气质。

大学的时候我认识一个朋友，为人非常善良，又正直，就是不太会讲话。这个女孩只要一开口，总是喜欢反驳别人，哪怕她也认同你的看法，也一定要先将你的言论批驳得一无是处，再重新按照自己的方式阐述一遍。

　　而更多的时候你会感觉跟她说话就是在跟她较劲，她总是能找到反驳你的例子，不管你是出于分享有趣事物的目的还是跟她探讨想法的目的，她总会以反驳的方式应对。

　　有时这种反驳已经成为一个习惯，你可能只是想跟她分享一些生活中轻松的小段子，但她就会以不屑或者不认同的态度，找机会好好地教育你一顿。总之，她习惯于享受这种特立独行，思考问题的方式总是和别人不太一样，所以在说话时就感觉她总在挑你的刺。

　　哪怕是我们这些与她相处时间久了的朋友一样，也无法接受她这种说话习惯，更不要说第一次见面的陌生人了。只要她一张口，别人就会感觉到不太舒服，好几次我都发现她说完话之后，对方已经暗暗皱眉了，但是她似乎还是没有意识到自己的错误。

　　直到那一次，在新辅导员的见面会上，朋友又发挥了自己一贯的"挑刺"习惯，甚至对辅导员的话也逐一反驳，问题就有些严重了。辅导员私下里对其他人说，这姑娘不太会尊重别人，讲话总是带着一股狂气，没有一个年轻人应该具备的谦虚和礼让。

　　事实上，她给别人的第一印象的确如此，有些时候，她只是为了彰显自己的特立独行，显示自己的思维方式更加高端，但总是在反驳别人，总是在挑别人的刺，往往会让人觉得她攻击性很强。而且一个舒适的、让双方都能够想要主动继续的谈话，绝不仅仅是一方永远在反驳另一方的，她们总要彼此认可，这才是继续商谈的基础。所以一个讲话有分寸的人，应该在提出自己的意见的同时，也要懂得照顾别人的感受，知道在对的时候说出正确的话来，而不是一直滔滔不绝，根本不分场合和对象。如果是那样，只能说你是一个多话的人，而不是一个会说话的人。

要把握好说话的分寸，知道什么时候该说什么话，恰到好处地掌握这个时机，其实也没有那么麻烦。你只要具备一点必要的情商和察言观色的能力，然后学会掌控自己话语的内容，就足够了。

1. 一个说话有分寸的人，最忌口无遮拦。

有很多人讲话口无遮拦，习惯于把一个平常的事情说得很夸张，或者将别人不想告诉他人的秘密，在大庭广众之下公布出来。这种口无遮拦的说话习惯，往往来源于他们渴求别人关注的欲望。因为想成为聊天当中众人瞩目的对象，所以就迫不及待地将知道的信息全都抖落出来，丝毫不顾及是否应该说。这样的人就是我们俗语所说的"该说的不说，不该说的乱说"。不管是对别人的事情妄加揣测，还是传播那些未经证实的小道消息，都不是一个说话有分寸的人应该做的。常在河边走，必然会湿鞋，经常口无遮拦的人，总会给自己招来麻烦的。

2. 说话有分寸的人，应该注意一些话语禁忌。

对不同的人而言，他们喜欢的话题内容当然是不一样的，但总有一些话语禁忌是共识，当你和别人不熟的时候，最好不要轻易谈起，以免让别人觉得你很没有分寸，仿佛在打探对方的底细。

比如不要去谈论一些容易引起争议的话题，一旦你们彼此所持的态度不同，就很容易引发争论乃至于对立，让一个原本和谐的谈话环境变得剑拔弩张起来。相信谁也不愿意将和谐的谈话转变成突如其来的吵架，所以我们千万不要在谈话中寻找一些跟彼此相关的、有争议的话题，比如宗教、政治观点等。

同时不要总是打探别人的收入或者工作，也不要询问一些关于对方身体健康状况或者年龄等私人问题。如果有必要，他们会将这些事情告诉你的，但大多数谈话其实并不涉及这些内容，你知道了，只能满足自己的好奇心而已，对于你们的谈话没有任何帮助，还容易让别人觉得你是一个喜欢多管闲事的人。

同时，不要将别人当成自己的情绪垃圾桶，一有什么负面情绪就抒发给别人听。虽然总有一些人富有同情心，愿意听你讲述自己的故事，但也有一些人对此毫无兴趣，所以我们需要掌握这个分寸，尽量不要在不熟的人面前提起这些内容。当然，如果别人愿意跟你分享他的不幸，你最好以倾听的态度去对待，不要因为好奇而不断追问，这也容易让别人觉得你没有分寸。

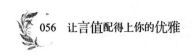

3. 一个说话有分寸的人，对话语轻重可以把握得很好。

俗话说，响鼓不用重锤敲，只要是能够领会你意思的聪明人，不必将话说得很重，他们也能明白其中的道理。所以不管是要点醒他人，还是要给予建议或适当的批评，都不要把话说得太重，只要点拨对方一下就尽到义务了。

行走于社会当中，说话也要注意明暗，有些时候，很多话不必说得非常清楚，或者摆在台面上，醉翁之意不在酒，通过各种方式进行暗示，对方就能够领会你的意思，过于直白地说出来，可能还会让他们恼羞成怒，觉得你不给留面子呢！

同时一定要把握好说话的内容，如果你想跟对方继续聊下去，就要懂得提起他们的兴致，不要总说一些对方不感兴趣的话，这样只会造成"话不投机半句多"的尴尬场面。

4. 一个说话有分寸的人，能够随机应变，处理突发事件。

一个会说话的女人绝对不是照着模板去说话的，所以面对突如其来的突发事件，也应该具备一定的机敏。如果面对眼前的问题，你不知道该说些什么，无法有效地灵活变通，那最好的办法就是不说。毕竟在突然的情况下，我们很容易失口多言，此时就是多说多错，所以如果不能机智转圜，以沉默应对是最普遍也是最不出错的办法了。

说话不讲"绝对"，给自己留退路

一个有气质的优雅女人，应该如同狐狸一般狡黠，随时能够应对任何突发状况，时刻给自己留后路。狡兔尚且有三窟，会说话的女人，也要记得在话语中给自己留下其他的出路，不要将一切可能都封死，把话说得太绝对。

除非是你要斩钉截铁地表达自己坚定的志向，否则，一定不要在自己的字典中留下"绝对"二字。任何事物都是没有绝对的，做事太绝对的人，会让人觉得刚愎自用；讲话太绝对的人，往往不给自己和别人留余地，一旦出错就是万劫不复了。

不知道你是否有这样的印象，一个在生活中非常喜欢讲"绝对"的人，绝对不怎么招人喜欢。他们可能是常年居于高位的发号施令者，位高权重，习惯于一言九鼎，所以总不爱听取别人的意见，永远以自己的判读为准；他们可能是知名的顽固主义者，认准了一件事，就绝对不回头，也绝对不听取别人的意见和建议。而有些人讲话做事很绝对，从来不愿意给自己的合作者留一点余地，在一言一行当中就把别人"挤兑"得无处可去，只能按照他们设下的轨道前行；还有的人则喜欢用绝对的态度去判断别人或者下论断，常常将"我说的绝对没错"挂在嘴边，仅仅是看到他的这种态度，就容易让人产生反感。

殊不知这世上任何一件事情都有两面性和不确定性，除了已经验证的真理，谁又敢说其他事情是绝对正确或绝对错误的呢？相信你我还没有睿智到出口就是真理的程度，既然如此，说话就应该更加谨慎一点，至少不要总是将绝对挂在嘴边，这样不仅能让和我们交谈的对象听着更加舒服，也是给自己留下了一些余地和退路。

毕竟，当事实证明你说的是错的时候，如果你当初的态度不是那么斩钉截铁，给自己留下了一点余地，那么也就不会搞得颜面尽失了。

在我刚进入职场工作时，曾经遇到一个十分固执的女上司。她有着丰富的经验，也习惯于用经验主义来判断一切，只要是过去经验中证明不可行的事情，她就会立刻将之打入冷宫。

比如在我们的小组接手某项目之前，女上司曾经十分不屑又愤怒地说："你们这是在浪费时间，我告诉你们，这个项目绝对搞不出来，你们一定会后悔的！"

话都撂在这里了，而我们又坚持要做这个项目，那简直就是被上司逼上了断头崖，只要做不出来，必然会引起她的嘲笑和贬低。可是做出来又如何呢？其实也没有赢家，因为上司只会发现，自己的话被人推翻了，颜面尽失，威严扫地。

然而权衡之下，对于我们而言，还是将项目做出来的好处更大一些，否则在这个公司，我们就很难在女上司的手下混出成绩了。所以，我们加班加点、全力以赴去争取这个项目，有时候为了得到甲方的认可，整日整夜在他们公司谈判。最终，我们出乎意料地拿下了这个项目，甚至得到了总经理的赞赏。

而我的这位女上司，在我们接受全公司通报表扬的时候，请假没有来上班。我当然理解这种心情，毕竟曾经在自己口中"绝对做不出"的项目，被别人做出来了，怀疑人生是一个方面，颜面扫地则是另一种痛苦。她说话的时候没有给我们留余地，这成为我们全力以赴、孤注一掷的动力，也成了她今天毫无面子的原因。

正因为说话不留余地，不仅让人觉得这位女上司情商不够高，而且也让别人怀疑她的能力——你说绝对做不到的事，别人做到了，是你能力太差还是眼界太低？果然，总经理后来很快就将她调职到别地，由另一位年轻人接管她的工作了。

说话太绝对，伤人又伤己。我们说到做事的哲学，常常要说做人要留三分余地，不要把一切事都做绝了，不给别人留退路。毕竟兔子急了，尚且要咬人，总是把人逼到绝境，你所面临的境况绝对不会太好。说话也是一样，不管是给别人还是给自己都记得留一点余地，不要说得太绝对。这是一种礼让，亦是一种谦虚，是一种成熟女性应该具备的修养，是一种气质的体现。

说话不要太绝对，在很多方面都应该注意这个问题：

1. 对待自己不一定能达成的请求，不要保证。

总有一些人习惯于向别人打包票，不管自己能否做到，只要别人请求上门，他们一定会拍着胸脯自信满满地说"保证能行"。然而事实上呢？他们自己也不确定能不能做到，只不过为了面子，所以应承下来而已。

这可是最危险的，一旦你应承下来，却没有完成自己的保证，很容易让对方的感激变成抱怨。这很简单，如果当初你实话实说，并没有为了面子而打包票，而是告诉对方自己不一定能完成，只是要尽量试试，对方对你的期待就不会那么高，如果你能做到，就会成为一种惊喜，你做不到他也不会说什么。

如果你做了保证，却没有达成，就很容易让对方产生失望的情绪，而且别人可能会因为对你的信任，放弃了去做这件事的其他途径，一心等着你的回应，那么你的无能为力，就会造成这件事无法完成，给对方带来物质损失。

"做不到别保证啊，我本来可以找××帮忙的……"如果你费尽心力，帮了忙，没有成功，却引来了这样的埋怨，是不是会觉得有些委屈呢？别急着着急，人家产生这种态度是情有可原的，谁让你最开始打了包票呢！

所以对于不一定能完成的请求，千万不要轻易保证。

2. 对待和自己交恶的人，不要毫不留情。

做人要留三分余地，说话也是如此，即使一个人已经跟你交恶，说话时也要留有分寸，不要口不择言。我们在生活中常常遇到一些人，因为觉得对方与自己没有什么利害关系，所以就很容易莫名其妙地口出恶言，这其实是最愚蠢的事。因为你也不能保证在未来的某一天，不会与对方产生交集，多一个朋友，总比多一个敌人更好，所以只要不是到了难以挽回的程度，不要对别人口出恶言，留一点点面子，以后一旦有要转圜的时候，你也有足够的操作余地。

3. 不要习惯于评判别人。

评判某个人"绝对不行"之类的话，都不应该从一个会说话的女人口中说出。你不了解对方能做到什么程度，所以过早的判断只会让你陷入进退两难的状态里，很容易"自打嘴巴"。

把握分寸感的窍门：会肯定别人

很多女性都有或多或少的这样一种情况：

总是非常恐惧进入一个新环境，对新环境的适应能力比一般人更差。在面对不熟悉的环境时，表现得极其内向，但在熟悉的人面前却是另一种样子。

很多人都说，这就是"慢热"的表现，其实我们不过都是犯了交流的"尴尬症"罢了。在进入一个新环境，与不熟悉的人交谈时，最大的问题就是互相不了解，所以"无话可说"。

归根结底，这其实是一种"分寸感"把握不好的后遗症。因为懂得说话分寸，不仅仅来源于我们拥有说话技巧，更来源于我们对谈话的对象有一定了解。只有了解对方，你才知道怎样说话不会让对方反感，你才能精准地通过对他们的了解来明确对方的底线，知道说什么、怎么说。面对不熟的人，缺乏分寸感就代表缺乏安全感，既不知道该说什么，也不知道说了会不会让对方反感，所以干脆就不敢说了。

面对这样一种尴尬状况，许多人内心都会有排斥感，久而久之就越来越慢热了。在社交场合中，这种情况显然应该是能少则少，没有最好。虽然"自来熟"常常因为分寸把握不好让人觉得反感，但毫无话题可说显然更让人觉得差劲——在凝滞的空气与尴尬的气氛中，你会发现很多机会都溜走了。

在这时，你需要掌握一种快速把握分寸感的小窍门，而我有一个非常棒的建议，可以让你不管说什么，都不会失了分寸，怎样都会让对方感到愉悦，那就是——会肯定别人。

会肯定别人，并且迅速找到你们都认同的话题，不仅不会触及别人的底线，还会迅速拉近彼此的距离，让双方快速熟悉起来。简而言之，你需要将别人拉到你的阵营里，这样再说什么他都会宽容很多。

不久前，我的一位笔友 Y 小姐跳槽到了一个老牌出版社做编辑。作为新人，Y 小姐感到很紧张，生怕自己不能融入环境，而出版社的同事虽然在第一天对她表示了欢迎，之后却都不太热络，这让 Y 小姐更担心了。是不是自己做错了什么，所以大家有反感，不然为什么一直融入不到老同事的环境中呢？

这种想法让 Y 小姐更加小心翼翼，对同事非常客气，平时也很紧张，一有风吹草动就觉得跟自己有关。她忍不住问我："我该怎么跟同事交流才能快速融入他们的群体里呢？我们办公室似乎没有一个擅长社交的，每次我凑过去都是尬聊，实在是太难为情了。"

"融入一个群体里，最快速有效的办法就是寻找共同语言呀！找到你们都认同的话题，不要客气，使劲聊，很快你们就能熟悉起来。记住，肯定别人永远不会出错。"思来想去，最简单粗暴而且毫无风险的办法，就是"寻找共同语言"这一条了。

Y 小姐虽然听了，但是并没把我的话放到心里去，而且也没有找到实践它的机会。直到这天中午，Y 小姐在午休时无意间发现隔壁的美编小刘收藏了一张明星画报，而那个人正是自己喜欢的"男神"。Y 小姐赶紧凑上去，问道："你也喜欢他的歌啊？"

"怎么，你也喜欢？哎呀，这可是我男神！"美编小刘非常激动地说。

这下两个"追星族"算是找到了同伴，她们聊了半小时还恋恋不舍，一下子亲密了许多。从这天开始，小刘和 Y 小姐就常常在一起吃饭、聊天，逐渐从明星聊到生活、工作，小刘更是将 Y 小姐带入到整个办公室的氛围中，Y 小姐终于没有那种陌生感了。

只要一句简单的"我也是"，你就能迅速通过肯定别人拉近彼此的关系，实在是再省事不过了。这就是语言技巧里，最堪称"作弊器"的一种。

在人类社会中，"抱团"是一种非常普遍的现象，我们总喜欢给自己加入各种各样的标签，并以此划分不同的群体，而这个群体中的人越少，彼此之间的亲密感就越高，关系就越亲近。所以，在和他人交往时，迅速寻找一个共同点，能够帮助他人增加对我们的认同感，并迅速将我们拉入这个共同点所划分的群体中。当成为同一阵营的人之后，再说话就容易了许多，而且彼此之间也会瞬间有"知己"之感。

寻找共同点的第一步，就是肯定别人，肯定他们的观点和看法，并且表示"我也是"。当然，你不必去做违心的表示，言不由衷的肯定不仅会让自己觉得不舒服，也很难真正和别人拥有共同语言，甚至容易导致别人认为你"不够坦诚"或者"虚伪"，这样就得不偿失了。即便不去刻意附和，我们也可以一眼找到和别人的共同点，发自内心地去肯定他人。

找到共同点的方式很多，我们可以通过观察对方的行为、喜好等，寻找一个可以说话的切入点，然后先以询问的方式获得对方的肯定答复，再开始交谈。

比如看到对方的手机上有小孩的照片，先不要急着就"孩子"这个共同话题进行探讨，而是要问一下："这是你的孩子吗？"通过试探的方式，确定一下是否找准了共同点，并感受一下对方的态度，再说话会容易很多。

否则，我们很容易找错共同点，或者干脆批判了对方喜欢的，恭维了对方厌恶的，这样基本上就意味着谈话结束。

而在聊天时，找寻共同点很重要，把自己与对方划作一个阵

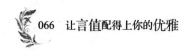

营更重要，方法就是——多说"对"，而少说"不对"。

在微博上，我曾做过这样一个测试：

当我想说服一个不赞同的观点时，采取了两种不同的方式，第一种是对对方说："你这样说就不对了，因为……"第二种则是说："对，你说得很有道理！不过，我发现……"

我发现，第一种方式交流时，几乎 100% 的人回复时都在坚持自己的观点，并没有被我说服，甚至还以非常激烈甚至粗俗的词语反驳；而第二种方式交流时，除了少数极端观念的人，大多数人都会说"也是这个道理"。

当你选择否定对方的观点时，就是将两个人划分到对立阵营，对方会立刻感受到威胁并反驳你，绝对不会思考你说的是否正确。但是你先肯定对方的想法，哪怕你要补充的话其实是在反驳他，他也会感觉你们是一个阵营的——因为他被你肯定了。

每个人都需要被肯定，需要找到同类，所以交谈时，我们才需要成为他们在某一方面的同类，这样，才能走进对方的内心。

不要随意传话，很容易带来问题

一个说话有分寸感的人，对待"传话"这件事应该是敬谢不敏的。

传话，就是当事双方无法面对面地进行交流，所以需要依靠第三人将要说的话传过去。这其中就会出现很多难以分清的责任问题：如果你传话的内容有错了，到底是你传错了话还是对方说错了或者理解错了呢？如果你传话的内容对对方而言不是好信息，他会不会迁怒你呢？如果你自己漏听或者多听了什么，会不会影响传话的结果呢？

只要这个传话过程出现一点问题，或者造成的结果不是那么理想，你就会背上原本不属于自己的责任。所以在讲话的时候，一定要记得不要随意传话。

在《欢乐颂》中，关雎尔在职场当中学的重要一课，就是不要随意接管别人负责的工作，更不要签上自己的名字。因为你觉得自己是在帮助别人，殊不知当你这样做了，责任就被分摊到了你的身上，一旦工作出了问题，不仅是对方有事，你也会承担一定的后果。尤其是替对方签字，更是相当于签署了一份"转嫁责任书"，很容易成了失误之后的"替罪羊"。

说话和做事的道理是一样的，当你选择替别人传话时，别人要传递信息的责任就转嫁到了你的身上，所以你就要保证信息的有效、及时以及正确，不能把话传晚了，也不能让别人接收到错误的信息。别看这听起来十分容易，实在是一件很难做好的事情，毕竟你也不知道这过程中，会遇到什么问题和麻烦。

两年前，我曾经听一个年轻人小米讲过自己在职场上摔的"第一跤"。她说，那时候自己还很年轻，一点警惕心都没有，做事也总是马马虎虎的、不够细心，当带小米的前辈跟她说，想让她帮自己通知一个消息时，小米立刻就答应了。

在前辈看来，这不是一个多么重大的消息，只是通知大家下午5点钟去会议室开会，大老板有话要讲。因为她不确定发邮件或者短信能否保障每个人都看到，所以更想在办公室直接宣布，确保每个人及时听到信息。只是前辈当时在外面，所以就把这个工作交给了小米。

在电话里，小米明确听到前辈强调了好几遍，是下午的7点钟去开会，就将这个消息告诉了所有人。所以下午5点，当会议正式召开的时候，大老板发现没有一个人到场，瞬间感到非常愤怒。

毕竟，不守时对于他们来说，是一件令人难以忍受的工作失误。而大家匆忙赶到后，无奈地为自己辩解："我们收到的通知是下午7点啊，谁知道是17点。"

小米也委屈极了，因为她不是通知人，而是传话人，而且她确定自己没有记错，就是"7点"。但是前辈却不这么想，不管是她的自信让她觉得自己一定没错，还是她不喜欢怀疑自己，亦或她知道却不想承认，她坚称自己没有说错，是小米记错了。

其实，这件小事对前辈而言影响并不大，她是上司的得力助手，就算是记错了一两次开会时间，老板也不会开除她，最多会觉得她应该更认真一些。但是小米却还在实习期，是个可有可无的新人。因为这件事她连累了所有人挨骂，也成为小米考核当中"粗心大意"的代表，所以她没能获得这个理想的工作。

说起这件事，她还感到非常委屈，为什么自己就一定要承担这个责任呢？其实这里面道理很简单，不管是谁说错了，只要小米传错了话，参与了进来，她就很难脱身出去。在这种情况下，一个更有威信、大家都不愿意得罪的前辈，和一个不一定会留下的新人，所有人都会向着前辈，哪怕她说的话不一定就是对的。

小米的错，就是一开始不该去传话，至少应该得到前辈发来的书面证明，而不是仅仅只有口头通知，让她无法找到证据。

传话就是这样，只要我们没有白纸黑字的证明，就很容易因为传话不严谨或者结果不对，而被别人迁怒，甚至成为小米这样

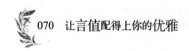

的"替罪羊"，如果真的发生了这样的事情再去后悔，只怕是悔之晚矣。所以，要做一个说话谨慎有分寸的人，更应该意识到"传话"这件事背后可能隐藏的风险，在传话时格外注意，能避免就避免。

1. 能够拒绝的传话尽量拒绝，但不要太强硬

如果是可有可无的传话，能拒绝的尽量拒绝，你可以告诉对方："这些话你应该当面跟她说，而不是让我来传递，我想那样更显得你足够尊重她。"对于那些需要当面说的重要的话，你这样的拒绝态度并不会给他们带来太多困扰，反而会让他们觉得的确如此。

但同样，如果对方因为客观因素很需要一个传话者，你也不要太强硬地拒绝。如果不是实在没办法，相信他们也不愿意让别人传递信息。此时你就可以提出一些其他要求，保障自己不会承担责任或者受到牵累。

2. 可以给对方提建议，让他们书面传递信息

如果有人想让你帮忙传话，而你又无法拒绝，你可以建议对方："能不能把这些信息给我写下来，这样避免出错。"

也可以在对方说的时候，将内容一一记录下来，然后给对方看，并确认：

"你看，这样写是不是没问题，信息都全了？"

有文字信息，不仅让你不容易在传话时出错，也会让对方明白，你只是一个传递者，而且已经尽可能保障信息没有问题，出错的话绝对不是你的责任。当然，你的这种行为也会让人觉得你做事认真，绝对不会对你有什么误解。

3. 一旦帮人传话，尽可能及时

很多时候，传递信息需要的就是及时，所以只要答应了对方就千万不要拖延，尽可能及时地将话告诉另一方。如果因为你耽误了时间，可能传递的信息就已经失去了价值，那造成的损失就全然是你的责任了。

比如要在 5 点开会，你却在 5 点之后才将这件事告诉别人，这就是一种无效信息，绝对是传话者的问题。

4. 尽量明确地描述传话双方的身份，不要让自己介入其中

举个简单的例子，假如经理让你叫 × × 去办公室一趟，而眼看着经理就要批评对方，你应该怎么传话呢？

——"经理让我跟你说，待会去办公室一趟。"

——"待会去办公室一趟。"

前者明确地说出了"经理"这个身份，让对方明白，你只是一个传话者。这样就算待会儿遇到了问题，他也不会迁怒于你。但是后者，这句话就很值得人品味了，是经理让他去办公室，还

是你让他去的呢？那么对方如果心思比较细腻，难免会想，是否是你在其中扮演了什么角色，才会让他被训斥。一旦有这种想法，他就很容易看你不顺眼。

有时候，好感和厌恶就是这样没有理由，所以千万不要介入到传话的双方之间的"爱恨情仇"中，也不要对他们的事有任何判断，你就只是充当一个什么都不知道、中立的传话者即可。

聊天总少不了递台阶的人

聊天的时候，有一个"递台阶"的人是必不可少的。

"递台阶"是什么意思呢？很简单，在说话的时候，我们经常会遇到一些下不来台的情况，可能是别人的态度太尖锐、太咄咄逼人，也可能是他们提及了一些不太好回答的问题，导致我们往往不知道该怎么回应、手足无措，而周围人就算有心帮忙也不好插话。

一旦进入这个状态，甭管是激烈的对峙还是尴尬的沉默，必然会全场安静、气氛凝滞。此时，谁要是能解开这尴尬的状况，那就不亚于救世主了。

所以，能在别人下不来台的时候，适时地从语言上给他"递个台阶"，缓和当前尴尬的气氛，也给别人留下接话的余地，让对方能体面地从万众瞩目的尴尬台面上走下来，这就算功德圆满了。而这样的人，就是会"递台阶"的人。

　　会给别人递台阶、会在尴尬场合递台阶的人，往往最受欢迎。这样的人不仅能获得当事人的感激，也能获得在场所有人的善意。所以，要做个受欢迎的女人，会在聊天的时候适时递台阶是不可少的。

　　简而言之，你得把原本走到死胡同的聊天说"活"了，还得让人有话可说。

　　小 Q 是刚毕业的大学生，虽然年纪小，但是姑娘嘴很甜，部门里的老同事都喜欢她，领导也喜欢带她出去见世面。这次是宴请甲方单位，之前小 Q 都没去过，经理特批让她跟自己一起去，顺便让小 Q 吃顿好的。

　　所以，小 Q 很清楚自己的酒席定位——老老实实"吃"就行了。

　　一席菜上全了，酒桌上气氛也热烈了起来，甲方老板起了一瓶红酒，热情地招呼说："来，项目定下来了，咱们喝酒庆祝一下。"

　　"那是，这次都辛苦大家了。"经理一边点头，一边笑着把杯子凑到酒瓶边上，斟了一杯。

　　"哎，李经理，上次吃饭你不是说自己不能喝酒吗？"甲方另一个女士本来很沉默，突然开口说道，"怎么今天能喝了？"

　　这位女士只是寒暄时随口一说，却没想到立刻搅扰了气氛。经理一下子沉默了，有点不知道说什么。谁不知道谈项目得喝酒啊？要是喝得不够诚恳，说不定还显得态度不到位。

　　可他一向不爱喝酒，就找借口说自己不能喝酒，没想到这次一高兴就把这事给忘了。这一戳破，不就显得经理之前说谎、不够有诚意吗？甲方老板的脸色也有点不好了，当然，这其中七八成都来源于自己口无遮拦的女下属——甲方老板未必不知道经理的小想法，但是只要不戳破，完全可以不当一回事，所以这罪过当然是女下属来背。

"我们经理还真不能喝酒，上次喝了一杯，听说晚上都快发烧了。"一直没说话的小 Q 赶紧站起来，"不过，这次一个是高兴，一个是经理就带我一个新人来，我年轻不懂事，也不会喝酒，要是他不顶上，大家今天怎么宾主尽欢呀！"

小 Q 赶紧将责任揽到自己身上，给经理营造了舍己为人的大无畏形象，既显得他重视甲方老板，又表明今天的诚意与高兴。一时间，原本有些尴尬的气氛立刻被笑声取代了。

回去后，经理好好表扬了小 Q 一番。而当我问起她为什么想到说这些时，她的回答也很简单——

"我就想着，不能让经理下不来台，不能让大家没话可说呀！"

要化解尴尬气氛，如经理这样的主角是不好自己开口的，不管怎样圆场都显得缺乏诚意与真实性，所以有一个递台阶的第三方很重要。小 Q 很幸运，因为她看对了眼色，抓住了机会，所以这台阶递得也恰好合适，维持住了在场所有人的体面。

想成为给别人递台阶的人，成为群体气氛的调节者，具备以下几个特点是必须的：

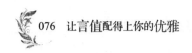

1. 递台阶、打圆场，关键是语气温和

任何一种尴尬气氛的出现，都是因为某些方面太过尖锐。可能是讲话人的语气太冲，刺伤了人，也可能是提出的问题太一针见血，触及某些禁忌，总之，过于尖锐、强硬的态度在说话时是不提倡的。

对女性来说，有这样尖锐的态度与我们想营造的形象反差太大，也特别容易失气质。在聊天时，从容温和的态度是始终如一的，这样我们才不会成为破坏气氛的人。

而要成为化解凝滞气氛的角色，就更得"以柔克刚"。温和的态度就像水，能轻而易举地化解双方的警惕与紧张，修复一度跌入冰点的关系；而尖锐、强硬的态度，只会像风霜刀剑一样再次破坏气氛。

2. 解决问题要放在台面下，不动声色很重要

谈话时，如小 Q 面临的"把话说死了"的情况不少，一旦出现，在场的每个人都知道这是出了问题了，但是，绝对不能戳破。

国人好面子，一些问题若是摆在台面之下，即便人人皆知也不算是大问题；可一旦放到桌面上来，恐怕就人人脸上都挂不住了。而之所以会出现尴尬情况，就是因为某些人的某些疏漏，不小心把问题摆到了台面上来——

这可怎么办？是直接戳破了就事论事地解决，还是……

最佳的办法，莫过于再把这个问题丢回台面下，不动声色地圆回来。给别人递台阶，就是要让人有个"就坡下驴"的解决办法，能体面地将问题解决，不至于让他人看笑话。所以，不动声色是很重要的。

有一次我参加活动，主办方经费有限，既想体面地布置好会场，又没有那么多经费。对方看了报价单就已经发现了问题，我看着她有点为难的表情，脑海中转过很多种可能。

她会说什么呢？

——"你们给的钱不够，只能布置一部分。"

——"如果能再加一些钱的话，应该可以布置得让你满意。"

然而她都没说，而是说："我有一种极简的风格提供给您，不仅看起来更有格调，而且非常节约经费，不会造成浪费问题。"

主办方一听，立刻毫不犹豫地答应了。

其实，对方提出的方案可能就是根据报价来的，但他没有说"这是便宜的方案"，而是强调了方案的好处，顾及了彼此双方的面子，也没有戳主办方的痛点，从这一点看，这是一个非常体贴的人。

而正是这样的人，才能不动声色地避开各种尴尬陷阱，并给交谈对象递台阶。

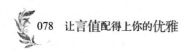

3. 幽默和自嘲可以让气氛更加放松

给别人递台阶时，我们可以用幽默的态度、自嘲的方式缓和气氛，让周围变得更加放松。为什么喜剧演员没有曼妙的身材、漂亮的面孔，却有最庞大而复杂的粉丝群？因为他们能让人开心，他们善于用幽默和自嘲的方式让别人高兴。在群体中，扮演这样一个角色也会让我们受欢迎。

当然，女人的气质要有，女人的矜持也要存在，这种幽默和自嘲必须是恰到好处的，让别人明白"她是为了调动气氛而自嘲"，不能让人以为"她就是所说的这样"，更不能让人觉得"她就是一个笑话"。这个限度就是不能不分场合地时刻自嘲，该展现自己的时候要展现自己，该自尊时也要自尊，只有在需要你出手的场合，再去调动你的幽默。

不然，过分的幽默可能会让人失去对我们的尊重，这就有得不偿失之嫌了。

第三章

说话幽默的女人
最易受欢迎

有才的人千里挑一，有趣的人万中难寻

在社交网络上，曾经有一个有趣的选择题轰动一时——

"有趣的高晓松和无趣的吴彦祖，你选哪个？"

虽然最终，人人都拜倒在男神吴彦祖的西装裤下，就连高晓松本人也不能免俗，但在这个看似悬殊、毫无意外之处的较量中，还是有很多关于"有趣"的说法得到了绝大多数人的认可。

我总结了一下，大概就是"有才的人千里挑一，有趣的人万中难寻"。我们总会遇到这样那样的出众人士，但并非每一个优秀的人都是有趣的，一个有趣的、幽默的、能给周围人带来快乐的灵魂，实在是太少了。

但是幽默又是绝对不可缺少的调味剂，尤其是在交流与谈话中。

大家有没有思考过，那些个人魅力较强的人都有什么品质呢？不是美丽的外形，也不是优越的背景，而是得体的谈吐与深厚的学识。与人交往中，得体且令人舒适愉悦的谈吐，更加能增强个人魅力，而幽默就是其中不可缺少的一项。

在纷繁复杂的社交场合里，我们不仅会遇到让自己感到愉悦的情况，找到真正的知己和工作场上的合作伙伴，也会遇到或大或小的尴尬问题。有时，可能只是交谈对象一句没有任何指向的话，就会造成难堪的冷场，产生各种尴尬。要是不会化解，干干的笑声和坐立不安的行为只会加重尴尬氛围，这样的空气实在是呼吸一口就觉得有毒，简直没法待下去。

此时，就得让我们的幽默感上场了。不管怎样的尴尬环境，其实都是缺一个台阶下，而幽默感堪称是最好的台阶，绝对能将一切突发事件掩饰得很好。所以，一个职场的优雅女性，也是需要幽默感来横扫社交场合的。

P小姐是个非常有幽默感的人，在很多场合下，她都能够巧妙地运用自己的幽默感，然后将不合时宜的问题以幽默的对答一笔带过，这种方式不知道帮别人化解了多少无形中的尴尬。

听说，最近P小姐又使出了自己的"幽默"高招，帮助隔壁部门的同事小K解决了一些小问题。P小姐的部门上司和小K的上司都是职场女强人，作为中层上司中少有的"娘子军"，两个上司之间总是迸发出微妙的"火花"，有时候会成为难以分割的共同体，一致对外，有时又难免被女人的"竞争"之心所影响，关系非常复杂。在彰显女性美这方面，P小姐的上司因为性格比

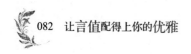

较严肃古板，不如小 K 的上司年轻灵活，会展现魅力，所以总是占下风。

　　年末的聚会上，P 小姐的上司再一次输给了精心装扮的小 K 上司，看着对方艳压全场，P 小姐的上司难免心里酸溜溜的。此时，小 K 这个没眼色的姑娘还火上浇油，兴致勃勃地想跟 P 小姐八卦一番，忍不住就拉着她问道：

　　"你说，你们领导好看还是我们领导好看？"

　　P 小姐内心一阵吐槽，明眼人都看得出的事，还用说吗？小 K 啊，你这样问不就是想让我夸你们领导？这让 P 小姐有点无奈，刚想告诫小 K，千万不要在背后说人长短，尤其是在职场这种"四面漏风"的地方，她就发现自己的上司其实就站在背后。

　　完了，P 小姐的上司可把这个问题听进去了，还假装毫不在意的样子，可是看她忍不住侧目的动作，分明就是在关注这两个姑娘的动静。只是小 K 光顾着看远处的人，压根没发现。

　　P 小姐发现，自己好像被小 K 给坑了，这个问题可实在是不好回答，也不能再按照原本的方式避过不答了。要是 P 小姐说自己的上司好看吧，实在是有拍马屁的嫌疑，上司自己也不一定相信——毕竟事实在这里摆着，说不定上司还觉得 P 小姐很油滑；可要是实话实说，听到另一个女人比自己好看，还是自己的竞争对手，上司听了能高兴吗？

　　思来想去，P 小姐终于找到了一个"避而不答"的幽默回应，就说道："谁对我帮助最大，谁就是我眼里最漂亮的，那可是我的衣食父母啊！"

这样插科打诨，总算是将问题解决了。P小姐的上司听到了，微微一笑，转身投入到酒席当中，也没再关注她们。而说错话的"傻大姐"小K，还不知道自己差点犯了一个怎样的错误。

P小姐在小K说错话的时候，通过自己的幽默来解决了一个不太好回答的问题。当我们遇到尴尬的状况时，如果老实回应会造成问题，不如就选择用幽默的方式答非所问地回答，反而会解决这一难题。

要培养幽默的能力并不容易，因为"幽默"真的是一种万中难寻的天赋。才华可以通过后天的训练来培养，但是很多人天生就缺乏"幽默细胞"，不仅不会展现幽默，还不能理解别人的幽默。

具体表现在，别人说了一个笑话，她可能半天都get不到点上，简直就是在对牛弹琴！你要是这样不懂幽默的姑娘，还是放弃走幽默路线吧！硬是往这个方向靠拢，只会让自己成为"冷笑话大王"，冷场更严重了。

但是，如果你恰巧有些幽默天赋，只要平时多观察周围，培养足够的想象力，大多数人都可以出现妙语连珠的灵光一现。而生活中的幽默多来源于我们真实的人生经历，有足够的生活经验积累智慧，我们才能以幽默的态度和眼光去看待问题。这就是为什么要开阔眼界、长见识了，因为我们的修养和气质都会体现

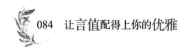

其上。

想再幽默一点，你需要把握好这其中的分寸：

1. 做一个优雅的女人，要知道幽默不等于开玩笑

不要总是开玩笑，这会让人觉得我们不够正经，很难维持高雅气质；而且，一个不分场合过分开玩笑的人，也绝对不能塑造得体的形象。幽默只是将话用得体而有趣的方式说出来，但不是开玩笑，更不是毫无分寸地打趣别人，否则说不定别人感受不到你的幽默，还觉得你是在把别人当作小丑。

有些场合就是绝对不能开玩笑的，比如严肃的会议阶段、繁忙的工作时间、他人在认真交代工作的时候，我们要用同样认真的态度对待，就不适宜开各种玩笑。

2. 可以自嘲来解围，但千万不要总是打趣自己

你应该自由把控幽默的"度"，但切记不要常拿自己开玩笑，对一个成熟的女人而言，这可能是不够自重的表现，而且我们经常打趣自己，很容易给别人留下一种"她的接受度很高"的印象，于是他们也开始毫无顾忌地拿你开玩笑，这就容易让我们失去别人的尊重。为什么说喜剧中的"女丑角"难求，就是因为女丑的付出实在是太多了，成为一个知名的女喜剧演员，也意味着在很多时候放弃了身为女性的矜持，你得逗别人发笑，也就很容易

让一些人拿捏不准对待你的态度，以过于随便的方式处理你们的关系。

3. 要学会理解别人的幽默感

幽默和有趣不是一场独角戏，所以我们不仅要自己懂得幽默，还应该能够给别人的幽默捧场。如果你的聊天对象试图用幽默来逗笑大家，及时 get 到他的点，并且给他捧场，被对方逗笑，他们会非常有成就感。所以偶尔的幽默是最好的，同时还要能理解他人的幽默，迅速跟上别人的笑点，这就足以让我们显得知情识趣了。

幽默不等于乱开玩笑

幽默的人总是受人欢迎的，如果能够把握好幽默的分寸，就像给你的"言"值锦上添花，会让你的形象更加丰富。

但要记得，这是需要"分寸"的。

其实，幽默的分寸法则归结起来并不复杂，简而言之就是"幽默的人打趣自己，嘴贱的人嘲笑别人"。以"人"作为对象来表现幽默，是一个说话有趣味的人必然要面临的问题，但是在打趣之前，你与对方的关系是否熟悉、你对他的接受度能否把握好，都是一个很大的问题。有些人习惯于打趣别人，以为人人皆跟自己很熟，以为人人都不觉得这些玩笑话是回事，实际上——别人并不是这么想的。这样一来，乱开别人的玩笑、打趣他人，不仅不会赢得他们的好感，反而会让他们莫名其妙、十分烦躁。

一个幽默的人从不刻意幽默，如果他们想要打趣，也往往是从自己入手。因为打趣的对象是自己，所以再怎样都不会出现差错，也就能把握住这个分寸了。

很多时候，我们因为不恰当的"幽默"招惹了麻烦，就是因为自己没掌握好这个分寸，没把过分的调侃和体面的幽默区分开，所以显得不那么合适了。一旦如此，就会落入到"嘴贱""没有素质"的负面评价中。

一个嘴贱的人显得缺乏情商、油嘴滑舌，甚至是愚蠢。比如，当你以男人"个子不够高""动作娘兮兮""赚的钱不多"为出发点去调侃，对方绝对不会喜笑颜开；以女人"五官不如人意""长相过分成熟""仪态总是出丑"为出发点开玩笑，大概你已经收获了不少白眼。这些玩笑，已经不是幽默感的体现，而是一种直扎人心的攻击方式，如果对方跟你翻脸，千万不要觉得自己委屈，不要声称"我只是在开玩笑活跃气氛"，那你就太傻了。

姑娘们，幽默的修炼方式说难不难，只要记住，不要随意玩笑即可。你和别人的关系也许没有你想的那么熟悉，所以张口说出的话，更应该深思熟虑。

朋友小 T 的女友就是一个张嘴说话毫无分寸的人，那些讨厌她的人常常在背后称呼她为"250"，因为她的微信名中有"520"的字样，而大家根据她平时的表现，忍不住讽刺道："520？我看重新颠倒一下，叫 250 还差不多。"

为什么会引起众怒呢？就是因为这位"250"实在是情商太低，总是喜欢开那些毫无分寸的玩笑。作为小 T 的女友，朋友们一开

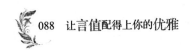

始对她还是很宽容和有好感的，但是"250"似乎错误地把握了这个关系，认为自己跟一众人已经格外熟悉了，所以开起玩笑来根本不知轻重。

比如这天，大飞在朋友圈中发了一张照片，是自己和女友出去玩耍所照的。"250"在下面点了赞，夸了句"哎呀你女朋友看起来不错嘛"。

大飞心里还挺意外，今天的"250"挺会说话！结果没几天，他们在婚礼上遇到了，"250"远远地看到大飞挽着自己的女友走过来，就大叫了他的名字。

"大飞！"

这下，周围所有人都在看这边，而大飞高兴地走过来后，就听到"250"的下一句话：

"你女朋友看起来和照片上也差太多了吧？"

这句话一出，周围很多人都在忍笑，甚至还有笑出声来的。而大飞的女友脸涨得通红，甩开大飞的手就走开了。

从那以后，大飞一提到"250"就气得翻白眼，她可是害他差点丢了女朋友啊！

而"250"似乎并不明白周围人对她这种不合时宜的幽默的厌烦，不是今天要求不熟的朋友"叫爸爸我就告诉你"，就是明天嘲弄别人"你看你长这样还想找对象"，沉浸在自己幽默的假象中不能自拔，殊不知周围人已经将她看作是笑话了。

幽默绝对不是乱开玩笑，一个人的幽默应当是有分寸的。如果你的玩笑能够让所有人都开心，让每个人发自内心地笑出来，那么就是一种成功的幽默；如果你的幽默让别人不舒服、不开心了，哪怕只有一个人，你也应该适可而止，否则就是一种低情商的表现。

　　适可而止的幽默，一定要跟过分的玩笑区分开，你应该学会正确的"幽默"方法。

1. 别人自嘲的时候，不要跟着一起

　　别人愿意自嘲，说明他们愿意牺牲自己去逗乐他人，是一种幽默感和情商的体现，但并不意味着他们愿意被别人嘲笑。无论对方是个看起来多么心大、多能自黑的人，你都不应该跟着他们的话一起说。

　　比如，当别人说自己"丑哭了"的时候，相信你只要不是傻到无可救药，是绝对不会说"嗯，就是"的，这就是一种基本的礼仪。既然如此，在其他情况的自黑时，不管是处于你自身修养的需求，还是对别人的尊重，也都不要顺着他们的话去嘲讽他们。

2. 在玩笑之前，要搞清楚自己的初衷

　　我们为什么要学会说话幽默？难道仅仅是为了让自己开心，为了去嘲讽别人吗？还是为了提高自己的说话技巧、活跃周围的

气氛？一个会说话的女人都应该知道，我们的目的是后者。所以，我们的幽默不仅仅是为自己服务的，更应该是为了谈话氛围服务的，或者说是为了别人服务的。因此，开玩笑之前一定要想一想，你的这种"幽默"真的对活跃气氛有益吗？真的能令别人快乐吗？如果不能，那就别图一时爽快，也别卖弄聪明，还是闭嘴的好。

3. 你的幽默对象，跟你熟悉吗?

不好意思，也许你们真没有想象中那么熟。

这恐怕是社交场最尴尬也是最容易发生的情况，那就是你以为自己已经和对方十分亲近了，但不好意思，对方可能觉得你们的关系还是处于"尚可"状态。此时，说话的分寸其实是最难把握的，你不知道对方眼里你们是处于什么关系，所以你也很难掌握好说话的态度，太近了容易让对方觉得你越界，太远了可能别人觉得你太生分——要把握这点，真是够麻烦！

但是要开玩笑，就一定要去把握这一点，在玩笑的范围里，你一定要把自己和对方的关系看得"更远一点"，而不是更熟悉，这样你才能把握好玩笑的度，不会因此招来别人的反感。而在真心的关心与感激时，你可以将自己与对方的关系看得"更近一点"，绝对可以让别人感受到善意，然后让你们真的"更近"。

4. 幽默的接受程度，因人而异

对玩笑的接受程度，任何人都是不同的，所以你要搞幽默，一定要知道对方的性格。如果对方比较古板，可能你的一个小调侃或者玩笑，哪怕与他们无关，也会让他们觉得有些不合时宜；如果对方本来就是接受度高，或者本身就很爱开玩笑的人，那么你的幽默就可以更大胆一些，他们才会将你引为知己。

合理的、有分寸的幽默，才是助你不断提升自己"言"值的最佳法宝。

学会自嘲，悦己且悦人

做到幽默有时候并不容易，而学会自嘲更是具备一定的挑战性。

尤其是从大多数女性的观念出发，自嘲就是要通过调侃自己来活跃气氛，"调侃自己"这个第一步，实在是很难迈出。女孩子们总是会抱有一些难以突破的矜持感，这种矜持约束着她们不去做那些"有损形象"的事情，自嘲也在其中。

其实，合理的自嘲并不会影响我们塑造一个高雅而美丽的形象，反而有锦上添花的效果。自嘲并非是破坏你的女性美，而是社交场上的语言利器，既能够拉近你与周围人之间的距离，又能够在关键时刻化解尴尬气氛，或者让别人感受到愉悦。会自嘲的人，都是聪明人中的聪明人。

只有自信的人才敢于自嘲，因为自嘲就是在拿自己的"短处"去开玩笑，主动将自己的缺陷暴露在大众之中，只有相信自己、以自己为傲的自信者，才有这样的豁达和乐观心态，能以调侃的态度去对待自己。而自卑者是很难学会自嘲的，因为他们越是注意自己的缺陷，就越是自卑，越要将其掩藏起来。所以，一个能自嘲的人，至少从心态和胸怀上就超越了别人，从眼界和说话态度上就已经进入了一个更高的层次。

成功者善于自嘲。当你学会自嘲的时候，就会发现语言的魅力可以为你的魅力加成，自嘲绝不会影响你的形象。

去年的公司年会上，发生过一个不大不小的插曲，直到今天还深深记在脑海中。

年会以晚会的形式进行，晚会上有各个部门才华横溢的表演者，在这场狂欢中展示自己平时不为人知的特长与才能，可谓"吹拉弹唱"样样俱全。而男女主持人更是打扮精心，看起来分外光彩夺目。

女主持人我也认得，是宣传部门的 K 小姐。K 小姐在生活中也是个爱美爱笑的姑娘，但没想到收拾一下迈上舞台，还真有了平时不具备的气质，颇像一个正经的主持人。她的身材有些丰满，但是穿着剪裁合适的晚礼服，高高站在舞台上，这个小小的缺陷也就掩饰住了。

就在我内心对她刮目相看，觉得这位美人与以往不同时，K 小姐就出了个岔子——

在节目结束需要主持人串场时，K 小姐不小心被台上的话筒

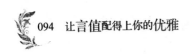

线绊倒，结结实实地摔了一跤。

这可不是普通的一跤，大概是高跟鞋不太合脚，K小姐这一摔堪称是"惊天动地"，重重的一声吸引了许多人的关注，台上台下顿时一片骚乱。她挣扎了好一会儿，才从舞台上重新站了起来。

我听到旁边有个女孩忍不住叹道："这得多疼啊，而且太丢人了。"

是啊，摔了这样毫无形象的一跤，打乱了晚会秩序倒是其次，对K小姐来说不免会产生遗憾和困扰。也许以后别人都记不得这件事了，她也会留下心理阴影的。

但是K小姐的做法与我们想象中的花容失色截然不同，她缓过来之后，并未将其放在心上的样子，也没有若无其事地继续报幕，反而主动谈起了自己刚才这一摔：

"平时总觉得瘦点好，但是今天啊我得感谢这一身肉，不然还不把骨头摔断了呀！"

下面的人听到之后，瞬间传来了善意的笑容。男主持人也在旁边捧场地说："你这就叫胖了？那我可羞愧死了，要是我摔一下还不得在地上弹两弹呀！"

就这样，以幽默的、开玩笑的方式，大家很快就把这个意外带来的尴尬挥散了，K小姐自己也没有留下什么不可说的心理阴影。

虽然是个简单的小插曲，但是我却立刻感受到了幽默带来的力量。自嘲让 K 小姐缓解了场内的尴尬，更重要的是，当她敢于说出这些话，内心的芥蒂和不安就会少很多；当她成功地进行了一次自嘲，并且得到了别人的宽慰，也让别人善意地笑了，那她从这一摔当中得到的负面影响就几乎彻底消除了。

主动地面对自己造成的问题，主动去自嘲，不仅不会让你被人责备或嘲笑，还能很好地获得正面效果，不管是对自己还是对周围人的情绪，都是非常积极的。这一情况，就从 K 小姐身上淋漓尽致地体现出来了。

可见，自嘲把握得好，很容易营造妙趣横生的气氛。不说别的，就因为你有这份勇气和豁达的气度，别人也不会让你尴尬自笑，多少都会捧场的。适度自嘲，既是一种修养，又是一种气度，不仅让你看起来更加洒脱，也能让交谈的气氛更好。怕丢面子，不如自丢面子，就是这个道理。

不要以为"自嘲"对女性没有用武之地，我们有很多地方可以用到它：

1. 在演讲中穿插自嘲

一个人若能够在演讲当中，适度地通过自嘲"歪曲"事实，不仅能体现自己的智慧，展现幽默感，还能引导听众的关注点，让演讲的气氛更加热烈。

譬如，去年某次会议是一位业界大牛主持的，这位老先生一

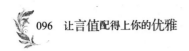

上台气氛就相当郑重。为了避免这种凝重的气氛影响大家情绪，老先生先说："现在演讲也要讲究个'色香味'，浪费大家几个小时来看我这个糟老头子演讲，实在是不好意思。没办法，我也只能使出浑身解数，尽量让你们值回票价了。"

这一番话说完，下面就忍不住笑了，原本听闻"大牛"演讲的那种紧张感，瞬间消散了不少。这就是一种以自嘲来引导演讲气氛的方式。

2. 在紧张环境下，学会自嘲

有时候，我们会面临一些非常紧张的气氛，这种紧张感一旦无法破解，立刻就会弥漫起尴尬。此时，你需要一点幽默。

我的一位女友与她的丈夫就是在相亲中认识的，两个人都是相亲领域的"新手"，第一次见面时，气氛特别紧张。面对这个可能要以结婚为前提交往的陌生人，两人都不知道说什么好，一个要开口的时候，恰好另一个也想张嘴说话，一下子又尴尬起来，只好再默默坐着。如此过了好几分钟，气氛变得越来越紧张，女友甚至觉得"空气里静得能听到两个人的呼吸"。

她搅拌了一下自己的咖啡，鼓起勇气开玩笑说："你看，咱俩现在连呼吸好像都是同步的了。"说完这句话，两人对视了一眼，都笑了。这一笑，就开启了后面的话题，也就成就了两人的缘分。

很多时候，交谈之间的紧张气氛不来自说话内容，而来自"无话可说"，此时不妨自嘲或者幽默一把，就可以将这种气氛很好地化解。快乐永远是解除紧张的警报，请千万不要忽略它。

3. 感觉难堪更要学会自嘲

我们总会遇到一些意料之外的难堪场面，比如自己出了一些小意外成为"全场焦点"，此时不要恼羞成怒、避之不及，因为这样的应对方式只会显得你手段不够，而且更容易突显难堪境地。越是自卑的人，越是习惯于躲避自己的缺点，但自信聪明的人却能够直面它，并且通过巧妙的方式让人们的注意力转移。有时候，自嘲的办法能更好地解决你的难堪境地。

比如，若是身高不够、眼睛不大，不妨玩笑说自己"浓缩的才是精华"；若是头发不够茂盛，那就是"聪明绝顶的象征"……我认识一个姑娘讲话总是慢悠悠的，被某位缺乏情商的男士直接指出之后，气氛一时间很尴尬，但她却说"谁叫我天生舌头短，讲话也慢人一步呀"，立刻就缓解了这种气氛。这就是幽默来应对难堪的很好例子。

若是在社交场合里遇到突发事件，别的方法都不管用，不妨就试一试自嘲。自嘲既不会有得罪别人的副作用，又能够很好地带来一些幽默，是最好的气氛"润滑剂"。

幽默的女人更受欢迎

讲话幽默，对女人而言犹如锦上添花，是最能展现个人魅力的说话艺术之一。

女性也是需要幽默的，它能让你更受人欢迎。一个说话有趣的女人，说明她有足够的自信去展现幽默。尤其是之前我们所说，如果能在懂得幽默的程度上再学会自嘲，不仅能通过嘲解的方式解开生活中的难题，也能给平淡的言语中增添一些色彩。

只有懂得幽默，会释放幽默，才能在人群当中成为游刃有余、具备"言"值的那一个。想象一下，如果你缺乏一定的幽默感，从你口中说出的话平淡无奇，也就很难引起他人兴趣，这倒不是最要紧的，但你也难以"get"到别人的幽默之处，没法听懂他人话语中抖出的包袱，这就会造成交流上的困难。

一个不懂别人笑点和幽默的人，常常会处在聊天当中的尴尬位置——别人都笑了，自己还不知道为什么。这样一来，就让人觉得跟你聊天有些没趣了，想一想，是否如此呢？

　　我认识的 L 女士是一位年轻的教师，因为醉心于学术，所以平时难免会忽略一些人际交往上的东西。她从来不开放自己的朋友圈，也没有"刷微博""看朋友圈"的习惯，不懂社会热点话题，也不懂年轻人口中的流行词汇。别看年纪不大，但是比办公室其他年长的同事们更像"老学究"，有时候跟她说话就很容易出现鸡同鸭讲的事。

　　那是挺久之前发生的一件事，L 女士在跟一个女同事聊天时，说起了一个笑话。女同事笑嘻嘻地说："行了你可别继续讲了，真是笑死宝宝了。"

　　她用了一个当时流行的网络热词"笑死宝宝了"，就是想说 L 女士的笑话很有趣，她自己都快笑死了。这个网络热词几乎人人都知道，但是 L 女士却没有领略到它的意思，反而激动了一下，问道："笑死宝宝？难道你有孩子了？什么时候的事情呀？"

　　当时女同事就呆住了，还以为 L 女士讲了一个冷笑话，之后才反应过来她不知道这其中的意思。女同事哭笑不得地说："就是一个网络词汇，你怎么不知道呀！"

　　这件小事倒是没有造成什么大影响，不过 L 女士就此认识到——自己好像有点跟大家脱节了一样。长此以往，可不是一件好事。

　　我们不需要成为一个永远了解时尚热词的人，但至少应该明白大多数人话语中的幽默之处，并且恰到好处地给予回馈。一个幽默的女人，不仅仅要会说出幽默的话，也要懂得别人的幽默，两者结合在一起，才能让人觉得魅力无穷，充满吸引力。

当你妙语连珠创造幽默之语时，能让身边的人感到愉快、轻松；当别人展现自己的幽默时，你能恰到好处地笑一笑，给对方捧场，这就能令人顿生满足感。两者结合，就是吸引任何人的利器了。一个美丽的女人会受到异性追捧，但一个幽默的女人，会得到所有人的亲近。

所以，我们可以这样展现自己的幽默：

1. 学会说之前，先学会听

会听，对不太懂幽默的人来说并不容易。因为他们也许能跟别人交流，能倾听他人，却很难与别人"心有灵犀"，当别人展现幽默的时候，他们往往无动于衷，压根没体会到这其中的有趣之处，这就尴尬了。

所以，我们要培养一种幽默的讲话方式，先得学会去听，去寻找人们话语中那些真正幽默的点，并且恰到好处地"捧场"，有时候你不必太风趣，只要能做个知趣的听众，就能给人留下很好的印象。

当然，也有一些人总是冷笑话不断，既缺乏幽默的细胞，又硬要拗出一点幽默的造型，那就实在令听众为难了。此时，要维护他们的面子，只要恰当地给予几次回应，又不必太热情，就足够让他们满足并且适可而止了。

2. 讲话幽默，就是让人有新鲜感

想要说话幽默，可以学会在话语中留出一些出乎意料的转折点，对方会感受到新鲜感，因为"出乎意料"而忍不住想笑。你可以先进行一些铺垫，让对方对后面的发展有所猜测，然后突然转折，幽默效果奇佳。其实幽默，不过就是说话总是让人有新鲜感而已。

比如，有两个人在讨论"私房钱"的问题，一个男人强调说："我从来不怕我的老婆，工资我都只上交一半，另外一半随便我花，她根本管不着。"

另一个男人则说："那嫂子管得可挺严得了，在我们家，我工资一分都不上交，发下来我就全存到自己的卡里。"

"这么好？"

"可不是，就有一点不太完美，卡在我老婆那里。"

这样一段话，男人铺垫了自己有多少私房钱，有极大的工资自主权，所以在后面出现"卡在我老婆那里"的转折时，就立刻让人觉得意外，这就是转折带来的幽默。这种方式，其实能让人觉得妙趣横生，相当有意思。

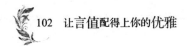

3. 讲话幽默的精髓在于绘声绘色

讲话幽默，不仅在于你的讲话内容，还与讲话的语气、节奏有关。一个总是讲"冷笑话"，说话往往冷场的人，可能不是说话内容不好笑，而是他的讲话态度太平淡枯燥，让人听着就顿生无趣之感。

所以，讲话的幽默，与恰到好处的断句和绘声绘色的语气有密切关系。一个"大喘气"一样的断句，有时都能让平凡的话语内容产生幽默感。

——"咱俩谁跟谁啊，你还能不答应？"

——"当然不……能不答应啦！"

如果讲话时在"……"位置拖长音停顿一下，这个回答立刻就显得有趣起来，让人觉得必然是个活泼幽默的人才会说出的话。可见，幽默有时候不源于文字内容，而是来源于讲话的语气。

尴尬环境，更需要幽默来解围

　　生活也好，职场也罢，我们总会遇到一些难以避免的尴尬环境，也许是一句话说错了，也许是一个动作上的小失误，就会造成一片兵荒马乱的尴尬场面，甚至感觉呼吸都不敢太重，随时可能晕倒。此时，傻呆呆地等待尴尬气氛消散，恐怕是最没有效果的应对办法，以幽默来给自己、给他人解围，可能更有效果。

　　遇到尴尬，就更容易因为紧张和应变能力不足，造成张口结舌、接不上话的状况，这是人之常情。对体会过尴尬的人来说，那一刻的感觉比让别人批评自己还要难受，一不小心就会影响个人形象，显得自己缺乏应对的本事。还有的干脆"恼羞成怒"了，将本来就尴尬的场面搅和得更糟糕，别提多乱了。

　　要是有一点幽默在其中，起到润滑的作用，也许你掌控尴尬局面的能力就可以"蹭蹭"上涨。这可不是夸张的形容，幽默绝对是尴尬的天敌，是最机智的解决办法，学会用幽默化解尴尬，

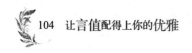

比多说一万句都有用。

朋友小M前阵子去聚餐，回来跟我说，自己差点捅了一个娄子，给大老板留下不好的印象。

我非常惊讶，不过是聚餐而已，能出什么问题？

原来，这事还真不能怪别人。本来是他们部门内部的聚会，恰好老板在附近，就在部门经理的邀请下过来了一趟，露露面，给员工们打气，顺便待一小会儿。听说老板要来，聚餐的席上气氛一下子被炒热了不少，谁都想给老板敬上一杯酒，在老板那里留下一点好印象，所以每个人都非常期待。

终于等到老板过来了，大家赶紧凑上去，让经理给老板介绍一下自己，再听老板勉励几句。轮到朋友小M的时候，她还没站稳，就被后面迫不及待过于激动的同事给挤了一下，直接端着酒杯就往老板那边倒去。好不容易稳住了自己，杯子里的酒却洒在了老板的西服上。

老板皱了皱眉头倒还没说话，经理一看不妙赶紧呵斥小M："今天怎么这么毛躁！别添乱了，上一边待着去吧！"

经理倒也是为了小M好，怕她再在老板面前晃，就要被老板"记住"，可是这样被呵斥了一下还是立刻尴尬起来。而且小M内心还有点委屈，并不是她自己不注意，而是被后面的人挤倒了，但是这样的话显然不适合说出口。

她站在那里手足无措，有些尴尬，突然想到给自己一个"台阶"下，就不好意思地对老板刘总和经理说："实在对不住刘总，我太没出息了，一听您过来特别激动，没想到手都端不住杯子了，给您添麻烦了！"

一听这话，老板既感受到了重视，也不好意思跟一个小员工置气，就大度地挥了挥手，这事就算是过去了。

小 M 在尴尬场面下给自己解围的办法，就是用幽默的方式自我嘲解，来消除别人的怒火，既能够解决当时的尴尬，又能避免老板对自己生气。可见，在一触即发的愤怒面前，在尴尬的场景之中，也许不必硬着头皮去面对，通过幽默的方式走另一条解决之道，一样能让矛盾和问题消解。有时候直言直语并不是最好的回应，人们也许不那么在乎真相，只在乎你说出的话的结果。

如果小 M 坚持为自己辩解，说"是后面的同事推了我"，那固然是说出了真相，也在力求为自己洗脱责任，但结果却不会那么理想——大老板不仅不一定取信，还会觉得她没有担当；经理也不会喜欢她这种拉扯别人下水的习惯，谁知道下次会不会扯上经理自己；同事更会因此对她心有芥蒂，觉得她太过自私。要是真的这么说，不仅当时的气氛更尴尬，小 M 之后的职场道路也会困难很多。

所以，我们在讲话时就该多想一想，说合适的话，有时甚至应该主动自嘲，看似"贬低"自己，实则能带来好的结果。如果一味维护自身，直来直去说话，看似是对自己好，其实说不定就

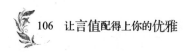

得罪了别人。这种时候就要用幽默大事化小，该幽默的时候千万不要犹豫。

对我来说，如果我处在类似的尴尬场景中，一般会习惯于从几个角度出发去制造"幽默点"，从小处撬动整个气氛，缓解尴尬。

1. 自嘲是解决尴尬的灵丹妙药

有时候，尴尬往往来源于我们自己的缺陷，不管是自己做错了某些行为或说错了什么话，还是被别人抓住缺点而嘲讽，都可以造成尴尬。此时要想解决，大可不必强调"我不是""我没有"，顺着对方的话去说，从承认缺点的角度出发去自嘲，反而会让别人觉得你幽默自信，显得这些缺点也不算什么了。

若干年前，美国总统克林顿深陷与女秘书的丑闻之中，在接受采访时媒体也丝毫不给他面子，直接问克林顿如何评价外界对这件事的有关报道。在这种情况下，一般人都会十分尴尬，要么拒绝采访，要么恼羞成怒，毕竟媒体几乎是当面在"打脸"。但是克林顿不愧是总统，从容地说："嘲笑我的话别人已经说完了，没人能说出什么新鲜评价了。"

这句话看似是单纯的自嘲，表示自己无话可说，但也着实把媒体堵了回去——既然谁都说不出新内容了，你们还有什么好问的？果然，记者就不再就这个问题继续发问，气氛也从未陷入尴尬中。

别的不说，克林顿作为总统的语言艺术实在是登峰造极的。我们哪怕从中学习一二，也非常有帮助。

2. 对别人的戏弄，可以用幽默还击

俗话说"以德报怨，何以报德"，虽然一个有"言"值的女性不等于牙尖嘴利，也应该坚持在讲话中体现内涵和修养，不应嘲讽他人，但如果别人戏弄了我们，致使我们处在尴尬的境地下，我们在自保同时也应该学会反击。这不会影响你的形象，反而会树立自尊，至少让别人知道你不是好惹的。同时，开玩笑的还击方式也会让对方摸不到头脑，因为不是严肃的还击，对方也不好表现出生气，只能默默承担"搬起石头砸自己的脚"的后果，是比较委婉的解决办法。

3. 将错就错，不要点出尴尬

有时候，可能是别人做了某些事导致场面尴尬，此时我们和做错事的"罪魁祸首"都处于尴尬的状态，不妨将错就错，就当没有意识到这件事。因为如果你为了缓解尴尬、维护自己的形象，就把事点明，可能会置对方于尴尬境地，这就成了"死道友不死贫道"的脱身办法了，未免显得有些自私，容易让别人厌烦。所以，干脆大家一起待在这个环境中，将错就错，其实并不那么尴尬。

前不久我们和客户一起在某餐厅吃饭，客户不知道桌边放着

消毒的湿手巾可以擦手，还跟我们说："这边洗手间都那么远的，用餐前洗手都不方便，真不为顾客考虑。"我想了想，就一直没有用桌边的湿手巾，也假装不知道它，说道："没错，等着我也开一家店，保证比它设计得好，您得来捧场。"如果我当时告诉客户他说错了，或者自己用了这块手巾，都容易让客户觉得更尴尬，所以只好选择将错就错，这样就化解了可能存在的尴尬。

所以说，有时候我们需要一点技巧，再加上一点幽默，去化解可能出现的尴尬气氛。当你学会了，离"言"值巅峰也不远了。

越是紧张对峙，越要幽默从容

俗话说"有人的地方就有江湖"，又有俗话说"林子大了，什么鸟都有"，所以在社会这个江湖当中待久了，就什么场景都能遇上。正是因为如此，更要锻炼自己的说话能力，让任何意外都变成意料之中，以幽默从容的态度去化解所有本应该是意料之外的突发场面。

和别人发生摩擦的时候也是如此。越是紧张对峙的情况下，你就越要保持幽默从容的态度。

人际交往之中发生摩擦是难以避免的事情，就算是脾气再好的人，也一样会面临被指责或对峙的尴尬场面，更不要说是那些火药桶一样的暴脾气了。不管是生活中的小摩擦也好，还是职场当中难以达成共识的大矛盾也罢，手足无措当然不是一个会说话的人应该具备的应对方式，如果你能够选择用幽默从容的态度去面对，就算是在千钧一发的对峙状态，也能让你轻松地"解除警报"。

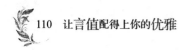

毕竟伸手不打笑脸人，幽默可以让大多数人内心的愤怒和紧张消失，也让理智快速回笼，实在是四两拨千斤。

如果说人与人之间的"摩擦系数"高低，决定了我们会不会经常与别人发生冲突，或者产生矛盾，那么幽默，一定是最广泛的"润滑剂"，能够有效降低所有人的"摩擦系数"。

一次我在超市中购物时，就亲身经历了一场幽默化解冲突的现场教学。当时一位妇女手里拎着一大袋水果，怒气冲冲地走进超市，抓住导购员就质问道："怎么现在连你们超市都缺斤少两了？还能不能让顾客放心购物了？"

导购员仔细一问，发现原来是顾客刚才来买了一堆水果，回去之后用自己家的秤称了一下，发现斤数不对，这就回来"兴师问罪"了。

从常理来讲，超市应该不会做这种缺斤少两的事情，可能正是因为如此意外，所以顾客在发现之后才会反应格外强烈。但是导购员也有足够的自信，超市的秤是准确的，于是思考了片刻之后，就带着笑意开玩笑说："不是水果给您少了，应该是您忘了买一样重要的东西。"

"什么东西？"

"电池啊！我想可能是您家的秤没电了，所以显示数有问题，正好让您回来再买一次电池呢！您放心，我们超市绝对不缺斤少两，不然东西都白送您。"

导购员说完这些话，妇女静下来想了想，也忍不住笑了。她说："也是这个道理，那我就回去再称一称！"

　　导购员并没有直接反驳顾客的话，如果她只是坚称超市没有问题，不仅容易激化矛盾，而且还会让顾客没有台阶下——如果超市没有问题的话，岂不是暗示顾客自己贪小便宜，所以才来找麻烦？所以她选择了一种较为幽默的方式，既找到了这件事可能的原因，又给了顾客台阶下，也洗清了超市的嫌疑。

　　最重要的是，她这样的幽默应对，不仅没有激化彼此之间的矛盾，还很好地避免了一场即将爆发的冲突和争吵，为超市留住了顾客。看完这一幕之后，我才发现，人与人之间交际的艺术，实在是体现在生活中的每一个角落。

　　我们不可能永远避免与他人产生摩擦，即便你是一个众口称赞的老好人，一样有可能陷入这种一触即发的状态中。不管是双方处于愤怒还是紧张的情绪下，只要有一些幽默感，都能够平息我们的情绪，缓解当前的问题。

　　做一个幽默的人，就可以用幽默化解开这些本会影响情绪的小矛盾，不仅能够解决自己的麻烦，也能帮助别人摆脱困窘。当你能够做到这一点时，在别人眼里就是一个言谈举止十分有魅力、有智慧又有内涵的人了，这样从心理上，他们就会对你产生信服感。对一个女性来说，这是塑造魅力形象的重要开始。

　　要知道，大多数矛盾的激化，都是话语之间互相不给对方留面子，互不给对方台阶下，所以才会愈演愈烈，致使矛盾升级，最终造成不欢而散的遗憾。而掌握了幽默的人，就是学会了在其中搭建一个台阶，给对方和自己退一步的机会，也就是给了彼此感情更进一步的机会。

在紧张的气氛当中，学会用幽默来调节，不是天生就能领会的，大多数人都需要在后天的不断交流和锻炼当中学习。掌握了幽默的精髓，才能成为人群中的"灭火器"，成为别人依靠的交际达人。

1. 化解矛盾的幽默是一种技术，需要成长和锻炼

学会讲话，幽默，并不是一件非常简单的事情，而学会用幽默的艺术去化解自己或他人身上可能触发的矛盾，更是一种"升级"的挑战。所以，我们需要在日常生活当中有意识去培养自己的这种幽默观和幽默的态度，这样在需要的时候才能水到渠成地展现出来。

一个幽默的人应该是快乐的，所以在日常生活中，你应该保持快乐积极的心情，多去往好的方面想，这样你积极的态度就会影响到身边的人，即便不够幽默，也能够成为为别人排遣紧张、矛盾情绪的帮手。同时多看一看那些语言幽默的文章，从字里行间体会智者讲话的风趣之处，久而久之你也能够养成同样的说话习惯。

幽默也来源于积攒和思考，一个不会思考的人，是永远不可

能成为一个幽默的人。

2. 学会在紧张对峙下，恰到好处地开玩笑

当你面临着谈话双方处在紧张状态的情况时，通过幽默的方式来转移矛盾，转移对方的注意力，可以很好地避免吵架等情况出现。

这种恰到好处的玩笑，重点就是应该"大而化小，小而化无"，不要将矛盾渲染得过于重要，要让彼此意识到，这并不是一件大不了的事情，甚至是可以开玩笑的。只有这样，大家才会失了计较的心，不至于为此吵架或翻脸。

3. 在火药味四溅的时候学会自嘲

当紧张的气氛不断发展，就很容易出现火药味四溅的状况，空气中的气味都仿佛在昭示着，大战一触即发。在这种情况下，你要是还想以幽默化解矛盾，就必须要"下狠手"了，此时不妨以自嘲为角度切入，是最好的缓解矛盾的方法。

当你在开玩笑的时候选择自嘲，是万无一失的幽默之法，首先，不会出现因为开别人的玩笑反而让对方误会、激化愤怒的情况；其次，自嘲能够展现你的宽容大度，是给彼此一个台阶的示好表示，并不失面子；最后，自嘲的方式在对方眼里，就是你先退了一步，一般都会让他们的愤怒瞬间倾泻，就像是被扎漏了一个孔

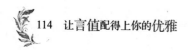

的气球一样，再也没有什么杀伤力了。

如此可见，在火药味四溅的时候，你选择的幽默之法就应该是自嘲，既安全又有效，实在是居家旅行必备武器。

当你选择了幽默，也许你不会成为一个交际场中游刃有余的话术大师，也不一定会成为人群中那个最受欢迎的女性，但你一定能够学会感受快乐，并将快乐带给别人，这就已经是一个会说话、招人喜欢的人了。

第四章

口吐善言，
传播语言的正能量

过分直爽就是不尊重人

俗语有云"良言一句三春暖"，一个会说话的人总能给他人带去更多温暖，而一个"会说话"的女人则显得更有魅力。举止高雅的女人绝不能口出恶言，一些不恰当的应对言语不只会损坏我们的高雅形象，还会由于这巨大的反差而让他人愈加讨厌。

而"口出恶言"这件事，其实有些时候很难界定。因为总有些人会表示自己非常委屈，明明没有恶意，只是因为"刀子嘴豆腐心"，说话太直爽了，就被认为是在"diss"对方，导致对方觉得他们不尊重人。这种委屈，恕我直言，大可不必。因为过分直爽本身就是一种不尊重人的体现，人们不会因为你直爽而迁就你，也不应该因为你的直爽，就对你更加宽容。

如果说直爽的性格就可以让你的话成为伤害别人的刀子，而且还不必承担任何后果，那人人都可以说自己"说话直爽"，是不是大家都不顾忌别人，都不用考虑说话的后果呢？所以，别把直爽当作自己的挡箭牌，过分直爽就是一件非常不好的事，就是一种不会说话、口出恶言的表现。由此得到别人的排斥，也是理所应当的。

小英就是一个十分"直爽"的人，最常挂在嘴边的话就是"我这个人说话有点直，你别生我气"，尽管我们也很想照她说的那样宽容她，但有时小英的话还真有点过于"直爽"，乃至到了刺耳的程度，这就常常引发她跟别人的对立和冲突。

前两天，办公室的李莉买了一条淡色长裙。李莉的身材有点过于圆润，穿上淡色长裙之后显得整个人愈加宽肥，而毫无束腰的这种款型也让李莉上身与下身一样粗，着实不算适宜。所以，几个搭档同事就拐弯抹角地跟李莉暗示，希望她明白这件衣服不是很好看，而之前买的那件黑色裙子更适合她。

这种拐弯抹角很容易起作用，谁让李莉本来就是个灵透的姑娘呢！她还有点敏感，要是说得太直白，很容易损伤她的自尊。好在李莉也理解了自己的这个问题，赶忙说："下回我就穿那个黑色的来。"

这时恰好就赶上小英进门了，她一眼就看到了站在前面的李莉。李莉还没让小英评估自己的衣服呢，她就不由得自觉开口了："哎呦，李莉今日怎样打扮得像个笔筒啊，哈哈哈！"

小英还觉得这很好笑，但是李莉脸上的笑脸很快就消失了。小英知道自己可能说错了话，赶忙找补道："这件新买的衣服挺

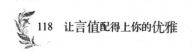

美观大方的，姐就是开个玩笑，你可别放在心上啊！"

这话谁能信呢？明显就是言不由衷，所以李莉不高兴了，小英还很不了解她为什么不开心，悄悄说："不就是打趣一下嘛，小姑娘太经不起开玩笑了。"

你看看这个情况，还能说小英是毫无责任，只是有点直爽吗？是，也许大家因为她直爽的性格不好意思说什么，但是私下绝对会对小英产生反感，所以直爽的脾气绝对不能成为损伤他人的理由，我们说话仍是应该留意的。在办公室中，大多数人都能照顾到他人的感触，但也不乏像小英这样"不会说话"的人存在。尤其是跟上司、客户之间的攀谈过程中，我们更应该留意自己说话的尺度，不会说话甚至于可以选择不开口，乱接话、说错话就不好了，马上会给自己招来恶性的评价，让别人错误地认识你这个人。

一个会说话的女人在攀谈时，应该至少有下面这几种特色：

1. 遣词造句慎重而克制，不要贸然评价他人

随意评估他人是一件非常危险的事情，由于你并不知道自己的说话内容是否会传递到当事人耳边，如果让他知道了，而在传递过程中你说的话又被曲解了，就很容易让对方误解，影响你们之间的关系。其实，成年人的社会其实并不是非黑即白的，没有那么多极端的情况存在，每个事物的存在都是多面的、混杂的，过分极端而充溢个人感情色彩的描述词会让人觉得我们不够老练，

缺乏稳重的心态和驾驭语言的能力，所以在遣词时应该愈加慎重。尤其是在你并不知道对方想法的时候，更要多挑选中性词来描述。

2. 不要以直爽作为借口，就在说话时不注意

文雅的女人当然是不会用粗鄙的言语来描述他人的，她们乃至连语调、说话节奏都透露着高雅。所以，直爽和豪爽是可以接受的性格，但并不意味着你就可以以此作为盾牌，来掩饰自己说话的不适宜。要记得，别人不会因为你的直爽就理所应当地宽容你，直爽的性格和谨慎的做事方式，才是职场上最容易得到别人认可和喜爱的模式。

任何一种天真的、完全的直爽，都只会让别人感到厌烦，因为这意味着不成熟，意味着时刻会给别人带来麻烦，或者给自己招来麻烦。一个穿套装、打扮精美、行为高雅的女人，如果开口就是令人难忍的胡言乱语，一定会跌掉旁人的眼镜。

3. 在与他人沟通时，要学会引导别人的谈话欲望

千万不要选用比较消沉、有停止说话暗示的语气词。许多女人在表达个人意见的时候就喜爱用十分简略的词汇，比方"哦""嗯"等，这些词汇都有停止说话的暗示，令攀谈的对象感到不被尊重，很容易就让两人不欢而散。请记住，一个人的谈话欲望不是凭空生成的，应该有积极的引导，才能让聊天顺利进

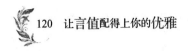

行下去。如果你不想成为"聊天终结者"，最好学会一些小技巧，引导别人产生那种"想跟你说话"的欲望。

4. 学会调和气氛，不要关注对方不想谈的话题

引导聊天的气氛很重要，一个直爽但是聪明的女人，知道什么时候该直言，什么时候该闭嘴。如果别人明显不想去谈论这些问题，比如他们的缺点或者难以直面的问题，你就千万不要去说，否则不是一种直爽，而是一种不尊重。一个有教养的女人在说话过程中应该时刻表现对对方的尊重和谅解，在不了解对方是否能接受的情况下，最好不要以负面的词汇来描述对方的某些情况，也不要针对对方在意的缺点等进行沟通，这都可能给对方造成尴尬。会维持和谐的气氛，绝对是攀谈时的重要技巧。

避免尬聊，少用单音节词汇

在生活中，你有过跟人"尬聊"的经验吗？

这个网络热词也许是戳中了不少人的痛点，迅速在生活中蔓延开了。"尬聊"，可以解读为"尴尬地聊天"或"强行聊天"，不知怎么就变得无话可说，说着说着就收到了"聊天结束"的讯号。这样的聊天气氛，就是现在年轻人所说的"尬聊"。

明明想跟对方热切地进行一番恳谈，可聊着聊着就收到了对方送来的"byebye"；明明有不少话想说，却总是演变成无聊地强行加戏……"越聊越没劲"，是"尬聊"过程中最常产生的感受。

为什么有的人就可以聊得热火朝天，轻松开启话题呢？他们即便身处于一个陌生环境，似乎也很快能融入其中，得到大家的认可。所以，人人都羡慕那些会聊天的角色，也都想成为群体中掌握谈话节奏的人。

要做到这一点，你需要学会进行"继续聊"的暗示。群体中正在发言的人，其说话方式、聊天内容往往掌控着接下来谈话的气氛和方向，有的人之所以成为"冷场王""聊天终结者"，就是因为讲话的方式、内容出了问题。

他们让人觉得"你这话我没法接"。

所以，"继续聊"的暗示，其实就是从各个角度给人接话的机会，并且让人产生接话的欲望。当你的暗示恰好相反时，别人就会感觉你非常迫切地想终结谈话，自然不会如此不识趣地追着你聊天了。

隔壁办公室的小K就是个让人觉得"没法聊天"的人，不超过十句话的功夫就能让你哑然熄火，每一次聊天都短暂而"高效"。是不是小K不想跟我们聊天呢？好像也不是，每次她总是依依不舍似的，在你想说"再见"的时候，恰到好处地挑起另一个话头。

就像逗猫一样，引发了你的好奇心，逗猫棒却又不动如山、高贵冷艳了起来，实在是折磨人。久而久之，小K在我的备注里多了一个微妙的外号——"尬聊专家"。

当我闲来无聊翻看与小K的聊天记录时，发现出现最频繁的对话竟然是这样的：

——"今天大家一起去××街吃陈李记，你去吗？"我开启了这样一个话题。

——"嗯。"

——"……那几点呢？"

——"哦，都行。"

——"那就 11 点半？"

——"嗯。"

此时，这场尴尬的聊天已经让我觉得过于一头热了，巴不得赶紧结束对话，说一句"好，那先拜拜"，可架不住小 K 及时地挑起了另一个话题。

——"对了，我把老板让做好的资料放到你桌子上了，有问题吗？"

——"没问题！"

——"嗯。"

您说，这话该怎么接下去？

不熟悉的人跟小 K 聊天，总觉得她冷淡而不近人情，语气里还带着点不满意与不耐烦，让人忍不住思考自己哪里得罪了她。一次，老板都直接说到了小 K 面前："小 K，我是不是哪里招你烦了？说个话态度怎么这么不好。"

这可把小 K 郁闷坏了："我哪里态度不好了？"

聊天过程中，要避免小 K 的问题，避免谈话总是戛然而止、不欢而散，就要掌握一些暗示继续聊天的小技巧。如何将我们希望谈话继续的想法表现在语言上呢？很简单，一些小细节就能帮助我们达到目的。做到下面这几点，相信每个人都愿意与你聊天谈心了。

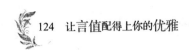

1. 单独使用单音节语气词，有结束谈话的意思

"啊""嗯""哦""呃"……这些都是我们在现实聊天、社交平台上习惯使用的词汇。当它脱口而出时，你很难发现单音节语气词带来的负面影响，但落在纸上就明显多了，它们都带有结束聊天的含义。

——"你喜欢这个颜色吗？"

——"嗯。"

这个回答是不是听起来有点冷淡？当你的这种回答出现频率较高时，就在传达给对方一个意思："我想说的话说完了，结束聊天吧！"

但是，换成双音节语气词就会好很多，让人觉得你较为积极，愿意继续进行聊天。

——"那就约好 9 点见面了。"

——"嗯嗯。"

双音节语气词，相对而言更加活泼，在聊天时会让对方更加熨帖、容易接受。

2. 想继续聊天，就要给别人留下接话的台阶

一个热切的聊天环境中，必然有一个人能引起话题，而且这个话题是大多数人都感兴趣、能接得上的。只有一个人可以侃侃

而谈，这样的状态可不叫聊天，而是"演讲"，只有给多方参与者都创造聊的机会，才是一个优秀的谈话对象。

如果我们面对的聊天对象只有一个，就更要给别人留接话的机会。不要总围绕着对方提出的话题去说，自己在说话时也要有继续聊的暗示。

——"你喜欢看电影吗？"

——"喜欢。"

面对这样一个简单平凡的问题，最简单也是最常见的回答就是"就题论题"，别人问什么，自己就回答什么。但是，对方本想通过"电影"打开话题，而你只单纯回答问题，没有给对方接下去的机会，就给人一种"只有自己一头热"的感觉。

——"你喜欢看电影吗？"

——"喜欢。我最喜欢看文艺片，你呢？"

通过对自己情况的介绍，并再次提出一个新的话题，我们就给了别人接话的机会。而且这个回答留下了很大的讨论空间，双方可以就"喜欢什么类型、为什么喜欢"对看电影这个话题进行展开，说不定就获得一个知己呢！

相对来说，后者就比前者更会聊天。所以，给别人留下一个接话的台阶很重要，学会让聊天更轻松开展下去。

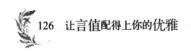

3. 要持续聊天，讲话要有节奏感

有节奏感的谈话直接关系我们能聊多长时间。

跟一个说话语速过快的人聊天，你会觉得非常"赶"，不自觉有一种急迫感，稍微说一会儿就会觉得很累。而且，语速快的人往往总有步步紧逼的感觉，在你话音未落时就能接上下一句，这会让你的精神时刻处于紧绷状态，又怎么能舒适地聊下去呢？

所以，很多人都排斥跟语速快的人聊天，另一点则是担心跟不上对方的思维和语速，给自己闹出笑话来。推己及人，我们也不应该用太快的语速跟人说话。

可这个节奏太慢也不行。蜗牛一般的节奏会让人昏昏欲睡，这样过慢的语速会让一些人不耐烦，而让另一些人产生抑郁感——就像听一首过于舒缓的音乐一样。任何激昂的情绪、愉快的聊天气氛都不会在过慢的语速氛围下产生，讲话太慢，总会让人心情一点点低沉下来。

试问谁喜欢跟这样让自己"越聊越难受"的人交流呢？所以，语言的节奏也决定了彼此的谈话时间。

哪怕只是这些微小的细节，也会决定你能否跟一个人愉快地开启一番交流，这就是语言的魅力。

学会表达感激，就是传播正能量

"谢谢"是最简单的一个词，但是伴随着我们的年纪逐渐增长，很多人却越来越难开口说"谢谢"。也许是因为它太简单了，就像空气对我们的意义一样，所以它会被忽略。但是你要永远记得，没有空气，人无法生存，失去了感谢的能力，也会让我们无所作为，而让"人缘"两字越走越远。

会表达自己的感激，并且让别人感受到你的真诚，就是一种最好的正能量的传播。相信我，如果你会及时表达谢意，生活中帮助你的人甚至都会越来越多，这绝对不是一句空话。

重新拾起"谢谢"一词，更重要的是要培养这种意识，可能也需要一些技巧。你必须意识到"谢谢你"这个词对每个人的生活都有很大的影响，以及在我们的社交活动中有多重要。如果你不会说"谢谢"，别人会认为你太过傲慢，不能正确认识到他人对你的帮助，这对一个高雅形象的塑造毫无帮助，只会令人感到

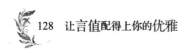

缺乏素质。

　　说"谢谢"，应该是一个习惯，不因为对方的身份而说，不因为自己有求于对方而说，而是真心实意地对别人表达自己的感激之情。只有这种发自肺腑的感谢，才能够打动人心。

　　我有一个朋友是一个高级人力资源工作者，在聚会上，他经常谈到求职者的一些事，这会给我们带来很大的震撼和反思。

　　他说，前阵子考到他们公司的有几个管培生，其中一个女生，甚至是老板特地打来电话要求录取的。朋友原以为是她走了后门，属于那种最令人厌恶的"空降兵"，所以也没有多关注这些事，但是内心难免是有些抗拒的。直到同事告诉他一些关于这个"钦定"的女孩的消息来源，他才知道这个女孩是通过自己的修养和能力赢得了公司的认可。

　　在面试时，几十个候选人面试了三个职位，他们都聚集在会议室里等着面试官来叫自己的名字。在这些候选人中，女孩并不是特别的那一个，简历虽然很好，但也没有具备很大的优势，直到这一刻出现。

　　那是周末，清洁阿姨负责会议室一个星期的清洁工作，所以在沉默中，阿姨扫地的声音就显得特别清楚。当时她从几十个候选人那里经过，低下头去清理每一只脚下的地面和垃圾，却没有人抬头看看这位清洁阿姨，更没有人对她说"谢谢"。只有这个姑娘抬起头来，特意真诚地感谢了这位为自己服务的阿姨，而这一幕恰好被站在门口的老板看见了。

后来老板向员工解释说："你们可能跟这些清洁工共事了很多年，但是就算你们每天都看到这些清洁工，在看到他们为你们服务的时候，你们中也不会有多少人记住他们的面孔，更不会跟他们打招呼。你可能会跟一个同事打招呼，却不会跟清洁工、修理工这些工作人员打招呼，尽管我们分享了同一片空间。但是从那个年轻的姑娘身上，我看到了对他人的尊重，这在工作中是非常重要的，只有这样有修养的人，才能去尊重别人并且赢得别人的尊重。"

所以这个女孩靠着一句看似简单的"谢谢"，赢得了这个机会，打开了成功的大门。她的未来可能不像老板所说的那么明朗，但她那优雅的举止和礼貌将永远伴随着她，使她成为一个可敬的人。

表达感激之情也许不像你想象中那么简单，因为这件事太小了，太多人都忘记了感激别人，也很难张口说出这句话。还有的人说话时，总带着一点言不由衷的意味，他们可能是为了一些目的去表达对别人的谢意，比如想要继续获得别人的帮助，或者想要拉拢对方，这样的感谢因为带了目的性，就显得格外功利。对于那些讨厌功利、厌恶套路的人来说，这样的感激还不如没有，实在是令人更加不愉快。

所以，表达感谢并不是你想象的那么容易，你得掌握一些技巧，才能恰到好处地让别人感受到你的诚意。

1. 从内心表达我们的感激之情，就要让别人感受到我们的诚意

这是说"谢谢"时最重要的一点。随便讲两句话，其他人可能听不懂你要表达的感激的意思，或者无法领会到你真心诚意的感激，这样的表面文章做比不做，反而会影响对方对你的观感。所以我们应该多关心别人的帮助，真正学会感恩，真诚地表示感谢。

2. 当表示感谢时，总是看着对方的眼睛

这时候，我们不仅要沟通，而且应该达成有效的沟通，如果你能够看着对方的眼睛，将会让对方更加深刻地感受到你的郑重与感谢，科学研究也证明了这一点。所以你应该专注地看着对方，让他们感受到我们的诚意。

俗话说，眼睛是心灵的窗户，在说话时注视对方，对方就会更加在意你所说的内容，也会给你更好的反馈，这是一种相互之间加强交流的积极信号。所以，千万不要忽视对方的眼睛，在表达感激的心情时，更应该注视着对方。

3. 当你感谢某人时，一定要让他们知道你为什么感谢他

要具体说明你的感激之情，让对方明白你为什么感谢他。一个笼统的"谢谢"总是显得不那么郑重，如果你仔细说明自己在

哪些地方特别感激对方，对方就会觉得你的这种感谢是发自内心的、有诚意的。他们会从中感受到一种帮助别人的成就感，意识到也许他们也是被别人需要的，也许下一次他们还会继续帮助你。

4. 在工作场所，永远不要把任何人的帮助视为理所当然

当他们向着你伸出自己的援助之手时，你应该时刻抱有感激的心情，而不是觉得别人对你的帮助是理所当然的。你们可以用小礼物相互感谢，也可以选择相互告诉对方，当他们需要帮助的时候，你们很乐意帮忙，那就是友谊开始的信号。

记住，帮助永远都是有来有往的，只有你能够感激别人的付出，别人才愿意为你付出，这是职场上的定律，在生活中亦是如此。一切付出都不是理所当然的，你都应该怀有那种感谢的心情，别人和你才能都从中收获快乐。

总之，我们有感谢别人的意识，明白一切都不是单方面的给予，这样才能真正获得别人的帮助，才能发自内心愿意说出"谢谢"两个字。

"戴高帽"也能产生正面效用

我们常说一个人要"口吐善言"，而"拍马屁""戴高帽"往往是人们眼中最奸猾的行为，应该被列入"不善"的言辞中了吧？非也非也，其实高帽戴得好，一样可以产生正面效用，毕竟从另一个角度上讲，这也是一种赞美呀！

所以，我们应该学会给别人合理地"戴高帽"，或者换句话说，我们应该学会去坦然地赞美别人，不只因为对方的地位和身份。如果对方是一个陌生人，你应该坦诚地接受他们的优点；对方是你的竞争对手，你也要承认他们比自己强的地方；对方是你的上司，你也应该学会将他的"优点"说出来，而不是为了避嫌就始终避之不言。

要知道，当自己的优点被别人所肯定时，不管是谁都会心生愉悦。所以，"戴高帽"并不一定就是坏事，只要适度，而且能够从实际出发，既能让别人在聊天中感到快乐，又能给你带来好处，何乐而不为呢？

一个会说话的女人，至少应该是会给别人"戴高帽"的。

小 P 虽然是个年轻姑娘，却一直有个好人缘，学生时代老师对她的评价就是"善于合作"。这并不是意味着小 P 自己没有什么亮点，而是她总能很好地领导一个组员性格各异的团队，不管是脾气暴躁的"刺头"，还是古怪孤僻的天才少年，在小 P 的统筹下都能合作得很好。

这一次，小 P 的合作能力又遇到了挑战。她在进入公司接受完培训后，就空降入某个小组中担任领导者，领导看重小 P 的能力，想让她成为团队的磨合剂和润滑油，但这一安排给小 P 带来了不少麻烦。

因为团队中早已有了不少资历深厚的前辈，他们自恃在专业技术上比小 P 更强，一开始对小 P 的安排总是爱答不理，人人心里都有自己的想法，很难接受小 P 协调。这个团队之前已经换了不少领导者，都因为组员的太难合作，最终谁也不肯低头，只能离开了。领导这次派了小 P 过去，也算是死马当活马医。

而小 P 发现了问题之后，第一个选择不是树立权威，而是开始给组里的前辈们"戴高帽"。她说："我是初来乍到的，除了管理之外，专业技术实在比不上几位前辈，所以还得仰赖你们多帮忙。咱们都是为了团队好，只要协调好了，大家都能拿成果，都能受益，也不是为了我自己。所以，我以后会多请教各位，虚

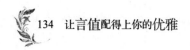

心接受意见，也请各位多配合配合我，咱们互利互惠嘛！"

小 P 一来就表现了自己的低姿态，没有强调自己的领导威仪，因为她知道自己也没有树立起来，反而是以团队合作的态度跟大家对话，他们心里就舒服了许多。而在后来，只要是小 P 有什么想安排给他们做的事情，一定采取"先拍马屁，再下达任务"的方式，一般都能成。

比如 A 前辈不想多做项目，她就摆事实讲道理，证明 A 前辈在这方面能力最强，实在是能者多劳，缺不了他。这样一来，不管是于公于私，他都不好意思拒绝小 P。

或者 B 组员想用资历施压让小 P 多给他项目资源，她就夸对方是最大度最勤奋的人，在公司有资历有良好的人际关系，但是从来不排挤同事，对她也够意思，然后再说："我肯定把能多给的都给你，谁让你一直照顾我呢！再多的我不能给，不为别的，不能让同事挑剔咱们，到时候影响了风评，升职都麻烦，你可别为了做好项目，把自己的前程影响了。"这样一来，对方就不好意思有什么微词了。

通过这种"先给甜枣再打棒子"的模式，小 P 虽然看起来不像个领导，却把一个团队都带领得很好。

这就是语言的艺术，有时候当你并非处于绝对威势，能够做到令行禁止时，免不了要给你的上司、同事、合作者乃至于得力下属"戴高帽"。"戴高帽"是一种夸张的赞美，当对方接受了这种赞美，也就同样接受了由此带来的责任，自然要约束自己的行为。所以高帽戴得好，就能给你带来很多好处。

学会在职场上给别人"戴高帽"，其实并不难：

1. 你得明白你所处的位置。

在职场上，上司与下属之间并不是一对一的关系，而是一对多。对下属而言，在群体内大家彼此都是竞争关系，而他们共同的目标其实都是一致的，那就是获得上司的认可。所以，当其中某些人过于殷勤而获得了上司的注意时，其他人自然会产生不平衡感，就算你没有拍马屁、没有势利，也一样可能有风言风语传出。既然如此，为什么不专心去获取上司的认可呢？

而忽略下属的感受，从上司的角度去看，你会发现他是很难注意到我们的。上司所关心的是工作，是大局，是他们之上更高的领导人，面对诸多下属，他绝不会专门去注意某一个人的工作。所以，那些最会表现、最能帮他解决问题、最能让他感到共鸣并印象深刻的，才会被上司记住。

因此，不要担心成为别人眼中的马屁精，适当地对上司主动一些绝对没有坏处，但这一定要基于你足够有能力的前提。如果你只会说而不会做，那么这种好感也只是一时的，不能带来长远的利益。

2. "戴高帽"可以让你获取别人的认同

在一开始，这种认同感往往是靠彼此赞美来形成的，想让上司或者同事、合作者认同我们，我们就得先认同他、让他产生好的印象，才会更好地接受我们，所以赞美别人很重要。这种赞美绝不能是空泛的花言巧语，而是发自内心的真诚赞美，比如对别人的工作进行分析，并真诚认同他做得对的地方，这就是一种适当的赞美。实事求是的夸奖可以获得对方的好感，还能同时打消其他人对你"拍马屁"的猜疑；而虚假的花言巧语就真的是马屁精的表现了，只会让职场上所有人都质疑你的能力。

3. 在合作伙伴或上司有需要的时候一定要主动

有些时候，你的上司或者合作者往往会遇到一些自己无法独立完成的问题，需要其他人的帮助，这对大多数人而言都是一种机会。但很多人却不愿意主动去尝试，归根究底就是拉不下面子，不愿意让别人觉得自己是在"拍马屁"。然而，上司和合作者可不一定想得那么多，相反，对于你不识趣的拒绝，他们反而会觉得非常苦恼和反感。此时，主动询问他们有什么是自己可以做的，不仅可以解决他们的问题，还能让我们在他那里留下很好的印象。

4. "戴高帽"要有目标、有原则

"戴高帽"应该有目标，有目标才知道怎么引导对方，才能让对方不能拒绝你的要求。比如我们所说的小 P，在赞美别人时就很注意目标，如果想让她的同事更大度一些，就要重点夸对方大度，这样对方在被赞美之后，就不好意思再计较小事了。这就是有目标地去引导别人，最终达成自己的目的。

"戴高帽"也应该有原则，不能毫无根据地夸张，否则就算是你夸赞了对方，他们自己也会觉得"不真诚"，立刻就察觉出你谄媚的想法。所以，应该是基于事实的夸张，比如对方资历深，你可以在给对方"戴高帽"时着重夸奖他的资历和经验，夸奖他对公司的贡献，这放在资历浅的人身上就不合适了。

掌握了"戴高帽"的技巧，才不会出现"马屁拍在马腿上"的尴尬，也避免在别人眼里显得太谄媚。而适度的"高帽"送给别人，你也能收获他人的善意，所以别怕开口，勇敢去说吧！

找好批评的时机，不要当众不给面子

当发现别人犯错的时候，不会说话的人会说"你错了"，会说话的人却会说"我错了"。

区别只在于，他们会不会给别人留面子，会不会通过有效的方式让别人真正认识到错误。

我们总是难免犯错的，自己也好，他人也罢，完全不会出错的人并不存在。当别人犯了错，而你不得不批评他的时候，说出的话就要格外谨慎，多次斟酌。因为批评总会给人负面的影响，就算再平淡看待这件事，被批评的人心情也不会很好，所以如何不得罪人地批评人，实在是很难。

这就是为什么我总是强调只要能通过鼓励的方法去引导，千万别去批评的原因。因为批评总是伤人心，而感情最经不起消耗。一旦你的批评过于频繁或者过了界，就会适得其反，留下不好的影响。

而鼓励则不同，同样都是对待做得不够好的情况，你能说"你还可以做得更好，加油"，也可以说"你怎么总是做不好，看看别人"，但两者产生的效果是截然不同的。前者的鼓励会让人心生积极性，愿意去相信自己，做到更好；而后者的批评如果太频繁，会让人失去对自身的正确认识，变得再也无法打起精神来。

所以，能鼓励的时候就不要批评，同样，能私下进行的批评就不要当众去做。要永远记得，你批评别人是为了让其变得更好，而不是为了损别人面子或者发泄自己的情绪。

小D是个凡事喜欢争强好胜的人，只要是能在上司面前露脸的事情，她总是抢着做。所以，当大家同样在加班的时候，可能只有小D率先想起来在朋友圈发一条信息"努力加班中，加油！"然后开放给同事和上司；当项目成功时，小D也会最先在上司面前暗示"我做了哪些地方"，以期得到上司的认可。

一开始，小D的这种积极态度的确让上司非常满意，但是久而久之，他却开始暗示小D："搞好工作很重要，但是工作毕竟是合作为主，也要注意跟别人的关系。"

原来，已经有很多同事在上司面前表达了对小D的不满。其中最常出现的，就是抱怨小D总是推卸责任，当着大家的面就抱怨、批评自己的合作者。到现在，谁也不愿意跟小D合作了。

只要是合作时出现了问题，而这个问题小D没有参与，她就会理直气壮、毫不留情地抓紧撇清自己，"是你搞砸的事情，别赖我啊！""早就说过这样不行，谁让你非要这么做的。""下次你还是试试 A 计划吧，我说了那个更好。"……小 D 开始只是为了在上司面前撇清关系才说，后来习惯了，就开始经常大言不惭地指责实习生以及新人，再后来甚至连资深的同事也囊括在内。只要跟她合作，总会被小 D 指责。

"一点都不知道给别人留面子，也不是领导，倒是天天训人。"这样的话，在办公室里没少出现。而小 D 至今也没搞明白，自己为什么渐渐被大家孤立。

小 D 不仅在批评别人这件事上，没有掌握好态度和时机，而且总是当众批评别人，毫不考虑他人面子，遇到现在这个情况也是难免的。批评不是像小 D 一样为了发泄私愤，而是应该有理有据，目的是让别人做得更好。只要你真心为了对方好，并且将这种初衷在适合的环境下，以真诚的态度表现出来，就算是批评的话对方也应该可以欣然接受。

批评别人是一个"在悬崖上走钢丝"的危险活儿，所以应该掌握一些要点：

要点一：批评要注意场合，最好不要有第三者。

想对别人提出一些意见，就意味着要挫伤他们的面子和积极性，如果还有旁观者，这种挫败感无疑会大大加重，甚至可能让对方恼羞成怒。一旦被情绪控制，他们就更难接受批评的内容了，不跟你吵架就算不错了。

所以，批评要注意场合，别在第三者面前进行，更不要选择在大庭广众之下。一个在公共场合进行的批评教育，那不是真诚的批评，就是为了让对方出丑。我们要批评别人，就更要注意别人的尊严和面子，所以尽量选择私下进行。

要点二：批评要掌握时间，要趁热打铁，不要乘虚而入。

当别人刚犯了错误时，如果你选择对他进行批评，是"趁热打铁"。在他刚犯错的时候，内心的紧张和忐忑、对自身的反省是最深刻的，而这种剧烈的情感也会伴随着时间消退。如果此刻进行批评，就能让他们更深刻地反思自己的行为，能够更好地记住并改正。当然，因为此时情绪最激烈，所以也最应该注意语言和措辞，以免激怒对方。

当别人犯了错并因此接受惩罚时，选择对他进行批评就是"乘虚而入"了。此时他们已经受到惩罚，正是内外交困、反思自己的时候，再批评就有点"马后炮"的嫌疑，而且会让他们产生反感，觉得你是在雪上加霜。最好的处理方式就是等几天之后，待对方情绪平稳、恢复理智再批评，且要穿插着鼓励。

要点三：批评也应该肯定。

批评错误的地方，也应该先肯定做得对的地方。肯定对方的优点，让对方有足够的自信和对别人的信服，接下来的批评才更容易接受，更容易引起思考。若是一味批评，对一个成年人来说无异于一场灾难，很容易出现自我厌弃的情况，或者毫不在乎、

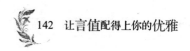

恼羞成怒。

　　要点四：越是严重的批评越应该婉转。

　　如果你批评的内容无关痛痒，则可以直接说出来，对方也不会太在意；但是如果你的批评内容是非常严重的、关乎对方的做人做事方式，很容易损伤他们的面子，就应该选择委婉进行。高明的批评者总是启发者，他们不会一遍遍直接说明，而是侧面启发对方，让他们自己找到出路，他们也不会因损伤了面子而觉得不满。

　　批评是个技术活儿，一个会说话的女人更应该掌握好，否则轻了让人难以重视，重了容易树立敌人，那就只能带来苦恼了。

巧妙应对各种场合的交谈

一个会说话的女人，一定能以积极的态度迎战任何挑战，她们处在任何环境下都能保持良好的精神状态和战斗力，就算是变故丛生，也不会让她们在语言上失态。

这就是一种语言的"正能量"，掌握好就能成为你的利器，让你时刻都有所依靠，时刻都能保持自信，用语言来保护自己。

人与人之间如果都能毫无芥蒂、毫无目的地进行愉快的交谈，能够畅所欲言，并找到与自己兴趣相投的人，那实在是一种享受。但是这样的情况毕竟是少数，不然人们也不会这样重视自己的"精神伴侣"了，所以我们总是不得不面对各种场合，有的你可能会趋之若鹜，有的却避之不及。但不论如何，你都得学会去应对。

此时，会说话就显得格外重要。不需要你在说话中给别人挖什么陷阱，只要能保护自己，尽力给自己营造一个舒适一些的语言环境，就足够了。

安安刚进入公司的时候，跟上司参加了一些行业内的聚会。这固然是上司为了让安安在人前露脸，但是毫无经验的她也从中吃了不少亏。可以说，交际场才是一个职场人最快成长的地方。

因为安安这样的新面孔，一看就是"突破口"，所以总有人喜欢凑在她身边套话。刚开始还聊得好好的，很快就谈到她的工资、公司的年终奖，然后就涉及她们即将做的项目，或者正在做的工作细节。这些人套话的方式多种多样，有的显示出"这不是什么机密，你可以随便说"的态度，还有的则假装自己已经很了解了，从安安这里"诈"出真相。但是上司已经跟安安强调过一些规则，她知道什么能说，什么不能说，所以每到此时就非常尴尬。

安安的处理办法很简单——既然不知道说什么，就转身走开好了。这倒没什么错，因为安安害怕自己一句不慎就酿成大祸，所以干脆不开口了，但是对她的交际能力培养没什么好处。往往别人跟她聊了几句，发现她一言不发，就转身去找别人了。

久而久之，不少人都说这姑娘有点"楞"，看起来太老实了。

安安不得其解，而上司则教导她说："哎呀，你不用一句话不说，你可以跟他们'绕圈子'呀，他们问你什么，你就答非所问，这样既不暴露隐私，说不定还能套到别人的信息，最重要的是锻炼你的说话能力，也认识几个人。"

毕竟在职场中没有永远的竞争对手，所以维护人际关系很重要，安安这样的应对方式实在是太简单粗暴了。领会了上司的建议，安安就知道怎样说才是对自己最好的。

　　当别人问她"你们最近在做什么项目"的时候，安安就说："反正咱们都是同行，最近做的跟你们差不多呀，你们在做什么？"这样转起了圈子，不仅自己没说什么，对方还觉得这姑娘会聊天，说不定就透露出一二。时间久了，安安就掌握了这其中的诀窍，成了游刃有余的职场前辈。

　　总有一些场合是我们不喜欢但是无法拒绝的，总有一些话题是我们不想谈到但是不能转身就走的，面对这些特殊的场合和话题，一个会说话的女性应该会分门别类地"逐个击破"，才能让自己始终立于不败之地。

1. 当别人试图探究隐私话题，可以选择"绕圈子"

　　有些人总是对别人的隐私感兴趣，不管是个人的还是工作的，明明人家不想说还是要追根究底。对待这些人，我们不必直接回答，也不用直接拒绝，可以通过绕圈的办法，模糊地回应。

　　比如，别人要是问"你赚多少奖金"，你可以说"也就是平均水平"，要是再问起，就说"没仔细关注过，不太清楚"，这样几次下来，对方就应该知道你不想回答了。

2. 当别人滔滔不绝，你可以用提问打断

　　喜欢滔滔不绝的"话痨"不是没有，而是相当多。他们往往

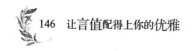

会就一个自己喜欢的话题说到天荒地老，但是内容却乏善可陈，实在没有什么听的必要，在这种情况下，相信你最想做的就是转身就走，或者直接打断。

但是这两样都是不可取的，实在是太伤面子了。所以你可以通过提问的方式，打断对方的思路。比如，提一个他们不好回答的问题，当他们不知道该说什么，你就可以开启另外的话题或者找机会结束谈话；或者问一些与当前话题无关的事，"不好意思，我想知道几点了""是不是一会儿有一个会议要开"，既能够转移对方的注意力，让他们意识到自己不能继续唠叨，也能让对方产生错愕感，从而接不上刚才的话。

3. 当别人喜欢炫耀，你可以幽默应对

如果总有人愿意在你面前炫耀，而你并不耐烦听这样令人尴尬的话题，不妨用幽默的态度插科打诨，让对方不好意思再开口炫耀。比如对方吹牛的时候夸张了他的情况，你可以更夸张的通过开玩笑的方法去回应，对方一听就知道你在玩笑，既不能当真，也不能让你承认、吹捧他们的炫耀，而你更不需要直接驳斥对方，就可以轻松化解这样的尴尬了。

4. 当别人谎话连篇，你可以点出其中之一

我们会遇到喜欢吹牛的人，也会遇到谎话连篇的人。后者的

特点就是，十句话中如果能有一两句是真的，就足以让你感叹"今天太阳是不是从西边出来了"。对待这样的人，我们不需要将所有的谎言都戳破，只要选择其中最轻、最不重要的一个，告诉他"你这里说得好像不对"，纠正他的谎言，他一般就不敢再继续说谎了。因为他发现，你是有明辨谎言的能力的，并不好糊弄。如果每一条谎言都要戳破，基本上你与对方也就只有"断绝关系"这一条路可以走了，不是极端情况，最好不要轻易尝试。

　　只要有人的地方，就必然会有让我们聊天时感到愉悦快乐、引为知己的人，也会有那些一讲话就引人排斥的人。我们不能只选择跟前者交谈，总会遇到避之不及的突发状况，此时一味躲避是没用的，还不如学会应对，才能始终保持得体从容。

第五章

别做情商低的事，
不说低情商的话

拉近和人的关系其实很简单

会说话的女人不仅在生活中更加幸运，在职场上也能做出更大成果。

谁不喜欢会说话的人呢？跟这样的人合作共事，时刻都能感受到来自她的善意与关注，任何尴尬的时刻都有她在妥帖圆场，而足够的分寸感让她也不会提让你为难的要求——天啊，这简直就是上天赐给我们的知己！

所以，会说话的女人往往能成为职场上的"解语花""知心姐姐"，不仅同事遇事都爱找她们倾诉，客户和上司跟她的关系也是最好的。如此八面玲珑，很多时候往往都只是几句话的事。

小杨的上司就是个纵横职场的优雅女人。和一般的女强人相比，她显然看起来更加温润，举手投足之间甚至看不到当惯了领导的那种颐指气使，反而显得平易近人。但是即便如此，下属却没有一个敢挑战她权威的，而是都发自内心地佩服她，愿意跟她一起做事。

"刘经理是个非常好的人，对周围的人很上心，工作上严厉但平时特别温柔。"一个同事这样说。

小杨观察了一段时间，也体会到了上司的这种贴心。她是个善于观察、记住周围人需求的人，而且只要出现过的人名都会记在心里。之前部门一起参加外面公司的联谊，刘经理看到去年年会时才见过一面的合作公司老总，一下就叫出了对方的名字。

"您怎么知道是我，原谅我，我都对您没印象了。"老总倒是个非常爽快的人，将自己的疑惑说了出来。

"您忘了可我没忘呀，去年我们公司年会，您不是带着秘书一起来参加了吗？对了，还有您的女儿，今年该大学毕业了吧！"上司几句话就把老总的"底"都透了出来，而这详细的描述立刻让对方感受到被重视是什么滋味，两人之间的气氛立刻亲切起来了。

最后，这场联谊中老总与上司聊了很长时间，两人最后交换了名片，老总还邀请上司："等着再去你们公司，我请你喝咖啡！"

这种专业技能让小杨简直佩服极了。

像刘经理这样对他人的信息过目不忘，而且善于根据现有信息找出切入口、跟对方挑起话题的人不少，但也不是人人都能做到。至少现在，大多数职场菜鸟还挣扎在痛苦的"认脸"阶段，能将客户的长相认清楚，做到不叫错人就不错了，更别说这样游刃有

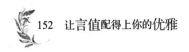

余了。

但是我们可以退而求其次，学习刘经理这类人在职场交际当中的各种语言细节，一样可以快速拉近我们与他人之间的关系。

1. 初次见面时，一定要找机会让对方记住自己的名字

很多人都会给自己设计一个特别的开场白，比如"我姓田，五谷丰登的那个田"，不管是让人觉得有趣还是意蕴深厚，都能产生让对方牢记的效果。只有记住你的名字，下一次再交流时才会产生亲切感。

所以，你也可以针对自己的名字设计一个特殊的开场白，让对方记住自己的名字，就迈出了拉近距离的第一步。

2. 记住对方的名字，要在下一次见面时提起

记住对方的名字同样重要，想将职场上认识的人发展为人际关系，拉近彼此的距离，能从第二次起就准确叫出对方的名字是非常有用的。想象一下，对方见到你打招呼的方式是："××，好久不见，还记得我们上次在 ×× 宴会上见面的时候吗？"是不是让自己立刻产生了亲切感？哪怕你早已忘记了这个人，也只会带着一点愧疚更努力地记住对方。但是，如果对方这样与你打招呼："哎，你还记得我吗？我都忘了你叫什么名字了！"你说，这话让人该怎么接？立刻就觉得对方不重视自己了。

所以以己度人，我们也应该牢记对方的名字，并且在见面时主动提起，让对方重新回忆起我们。

3. 交谈时多次提起对方的名字，可以有亲切感

不要总是以"您"或者"他"之类的指代词汇，多提起对方或你们共同认识的人名，不断地重复能够让彼此之间的关系立刻亲密起来。因为对方往往能感受到你对自己的认可和接受，自然会投桃报李地接受你。

4. 记住别人说过的话、做过的事，恰当提起

就像刘经理所做的一样，适当地记住那些特定的人做的事，然后在交流时不经意提起，可以让对方感受到你对他的在意与关心。比如"我记得你说过很喜欢画画"，对方可能会感到很意外，内心自然产生"她竟然记得我喜欢画画，真温暖"的感觉，如果能就同样感兴趣的话题探讨一下，关系就更加亲密了。

运气好，可能一次尽情的聊天结束，你们就成为不错的朋友。

通过以上这几个简单的小细节，我们就能拉近与周围人的关系；同样，如果你做不到，也容易闹出尴尬场面，极其损伤两人的关系，所以更应多加重视。

命令不要太生硬，说话要让人舒服

喜欢在日常用语中以命令口吻说话的人，往往显得太过强势。

如果他们恰好是领导者的身份，那么严肃、高高在上的形象是少不了的；如果他们恰好与我们毫无关系，那绝对会被冠上"毫无礼貌"的帽子；如果他们是我们认识的同学、同事或者朋友，肯定经常被吐槽"说话噎人"等，命令的口吻，往往会把一件简单的小事说得格外生硬。

不信你看——

"请把水给我好吗？"

"把水给我。"

两句一样内容、含义十分普通的话，如果加上礼貌用语，或者采取委婉的问句，听起来就会舒服许多。相反，去掉这些"雕饰"的话语虽然简洁明了，但浓厚的命令意味特别容易让人产生逆反心态——你谁啊你，就让我给你干活。

就算是能够理所应当命令别人的领导者，如果说话总是如此生硬，也会影响与下属的关系。所以，女人要学会说话，一定要注意细节，千万不要使用命令的语气去跟别人讲话。

　　F小姐在刚进入公司时，就"摊上"了一个女王般的上司。一开始，她看到其他团队的领导都是男性，只有自己的领导者是女性时，还感到非常庆幸。

　　"女的好啊！是男的，还要防着职场性骚扰，说不定还要歧视女性，女的就不一样了。"F小姐有理有据地分析，"她们自己拼搏出来不容易，还不得多带带我们这些女性后辈？"

　　"那可不一定，你没听说过'同性相斥、异性相吸'呀？我觉得你还是夹紧尾巴再观察一阵吧！"朋友这样劝说。大概这位朋友点亮了"乌鸦嘴"技能，没出实习期，F小姐就发现了问题。

　　"我的上司似乎看我特别不顺眼，可我明明已经做得很好了呀？"F小姐十分不解。为了向公司展示自己的能力，她总是第一个表现自己，分给自己的工作全部做好，没分给自己的也愿意主动帮忙。别说自己小组的成员对她十分看好，其他小组的leader都听说了这个热爱"为人民服务"的姑娘。

　　"实习期结束，愿意来我们小组吗？"这样私下的"勾搭"，F小姐遇见了不止一次。可偏偏，自己的上司就是不吃这一套。

　　F小姐的"女王陛下"不仅从没有表扬过她，还经常把她当空气。更甚者，女王上司总是对她呼来喝去，不管让F小姐做什么，永

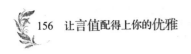

远都不会客气，始终以命令的态度。

"明天把你的策划案交上来。""快去开会，B301 室。""不管你什么理由，必须给我完成。"……女王上司始终用命令的语气跟 F 小姐交流，心情最好的时候也只是加上一句冷冰冰的"谢谢"，让 F 小姐一直觉得自己是不是哪里得罪了对方。

直到实习后期，才有人告诉她："你也知道你领导那个臭脾气了？她对谁说话都这样，以前的好几个助手都让她气走了，嫌她不把别人看在眼里，不尊重人。"

听说，F 小姐的上司甚至还曾经用这种态度对待过总经理，对总经理说"这样就是不行，要不你自己去做"。要不是因为不会做人，她早就升迁了。

F 小姐不禁感叹道："看来不是女上司就好相处，摊上这个上司也得自己适应啊！"

F 小姐的上司说话让人感到不舒服，这种"不舒服"不来源于她说话的语气内容，而来源于她所采用的表达方式。一样的语气、一样的目的，如果你用命令的方式去表达，缺乏对对方的尊重，往往就会引起别人的反感。要记住，没有人理所应当为你做什么，所以哪怕结果是必然的，也要在过程中表现出足够的尊重。这既是尊重别人，也是尊重你自己。

如何才能在说话的时候避免使用命令口气呢？

1. 对不熟悉的人，请"不要钱"地使用礼貌用语吧！

对待不熟悉的人，如果要请他们帮忙，一定要记得礼貌！礼貌！礼貌！千万不要以过分自来熟的态度跟对方说话，并因此忽略礼貌问题，否则你一定会后悔。

之前我认识的 W 小姐就是个自来熟，总觉得自己跟别人关系很近，因此常常对别人"呼来喝去"。"去，帮我领个材料，谢谢啦！""快点给我，我有急用。"诸如此类，从来不与别人客气，殊不知别人心里早就有了芥蒂。

2. 尽量给别人选择的机会，多使用问句

哪怕是请别人帮忙，而别人一定会帮助你，也不要直接命令对方如何如何，而是要询问他们的意见。更何况，总有人因为一些突发事件难以完成你的托付，如果你直接"指派"任务，就是在为难人了。

想让别人做什么，正确的态度是"请问能帮我做 ×× 吗""可不可以麻烦你 ××× 一下"……一定要委婉，不要总采用强硬的词汇，否则别人就算帮你做事，心里也不会舒服。

3. 不需要委婉的时候，语气一定要柔和

对待比较熟的朋友或同事，当你不需要跟对方客气委婉，关

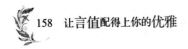

系已经很近的时候，可能的确会省略许多不必要的客套，但越是如此说话就越要柔和。比如让对方给你某样事物，可以直接说"给我"，但应该柔和一些，千万不要用命令的语气去进行，那样显得咄咄逼人，不仅过于强势，也容易让人觉得你性格难以相处。

所以，有些时候，做一个会说话的女人并不难，其实只要你注意一下自己的说话口气、说话的方式，很容易避免一些"炸弹"和"误区"，就能营造出不错的形象来。

学会说"我们"而不是"我"

想要说服别人，让别人与你瞬间拉近关系，你应该学会说一个词——"我们"。

几年前，当范冰冰在微博上宣布自己和李晨的恋爱时，就用一张合影和简单的配文"我们"，引爆了一波热潮。中华文字就是这样博大精深，"我们"一词，足以昭示他们已经成为恋人的情况，因为这个词太亲密了，自动自觉将两个人划分到了一个阵营里。当你说出"我们"的时候，至少发布了一个讯号，那就是你拿对方当同类人。

人总是喜欢抱团的，而这个"团体"的人数越少，人与人之间的关系就越亲密。所以在国外，我们会觉得中国人都很亲；回国后，在中国人之间，我们更容易对家乡人产生亲密感；在家乡，我们更关注自己的家人和朋友……当你说出了"我们"这个词，就是划分了一个小团体，哪怕对方还没有认可你，也无形中会对

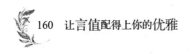

你产生好感。

所以，学会说"我们"或者"咱们"，而不是"我"，可以很好地从细节上增强你的话语感染力。

我曾经观察过很多在基层的服务人员，对于他们的讲话方式有一定了解。千万不要小看基层服务人员的讲话习惯，他们才是每天要面对形形色色人士的人，能将这份服务工作做好，更需要会说话，会揣摩别人的内心和态度。

所以，我常常跟朋友说："要是你觉得自己不会说话，就去服务窗口干一个月活，很快你就能学会说话了。"

这还真不是句空话。至少，"我们"这个词的应用，就是我在服务人员的身上发现的。

服务人员的定位往往非常特别，他们既要跟客户打交道，又不属于客户这一方，既要取信客户，又要为自己的企业谋福利，所以总是不太好定位。一个将自己完全划归为"企业员工"的服务人员，就相当于跟客户之间拉开了距离，那么他们一定无法成为好的服务者，获得好的业绩。

所以，大多数服务人员要做好工作，都要把自己和客户划在一个群体里。我曾见过厉害的销售，与自己的客户相处得如同好友甚至是家人一样，也见过银行的女服务经理十几分钟之内让年长的客户把她当亲儿女一样对待，这些都是打破别人防线的讲话艺术。而其中最常出现的，就是"我们"或者"咱们"这一词。

银行的服务经理在帮客户办业务的时候，会说："我们先去大厅，领了号之后直接去小柜台办，您放心，这个业务肯定很快就能办好。"

　　销售人员在拉客户的时候，会说："咱们公司这个新项目很有发展前途，您来看看……"

　　你看到了吗？不管是"你"还是"我"，他们统称为"我们"或者"咱们"，这样一来瞬间将客户与服务人员，乃至于背后的公司都放在了一边。这种语言上的"小陷阱"，并非无用，事实上听来就觉得亲切，至少不会扭头就走。

　　所以，学会说"我们"很重要，当你重视到了这个小细节，就能瞬间拉近与很多人之间的关系。也许从大局上讲，一个小小的词汇不会影响你是否拿到一个单子，能否获得上司的认可，但是任何一次成功都不是一蹴而就的，都是从小处积累的，用"我们"这个简单的话术，去拉近和别人之间的距离，至少能让你的成功率和好感度提升 1%。

　　无数个细节的累积，就是 100% 了。

　　要如何去说"我们"这个词呢？

1. 当你需要展现自己的团队、公司实力时，要多说"我们"

　　当你要重点表达自己的团队力量时，要记住这不是你个人的成就，你需要向对方传达的是"我身后有人"的信息，应该渲染

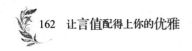

这个群体，采用"我们"来形容工作，会显得更有团队价值，而且也能表现出比较强的公司实力。

不然，总是单打独斗的"我"，似乎有些太可怜了不是吗？

2. 当你需要让对方和你站在一起时，多说"我们"和"咱们"

要跟谈话对象拉近关系，就不要总是"你"或者"我"地说话了，多说"我们"或者"咱们"，往往能起到不错的效果。同样的道理，在提到对方亲人的时候，也要用更加亲切的词汇，比如对方的父母不能是"你爸你妈"，而是"叔叔阿姨"，对方的妻子或丈夫不是"你老婆""你老公"，而是视情况而定的"嫂子"或者"姐夫"，这就可以瞬间熟悉起来。

当然，分寸必须把握好，千万不要在不熟悉的时候这样说，否则容易显得你太过自来熟，反而让人不喜欢了。

3. 当你想让对方认同你的公司时，多说"咱们公司"

没错，就算论理来说绝对不是"咱们公司"，你也要这样用。仔细想想，是不是推销员总爱用"咱们公司新研发了一款产品"为开头，去诱惑你购买有用或无用的东西呢？"咱们"这个词一出，不管是不是跟对方有关，他们都会顿生亲近之感，潜意识里就更愿意接受这家公司的产品，这就是亲切感的来源。

说"我们"，就是为了让别人产生亲切感，亲切感一出现，你想做什么都会顺利许多，别人对你也会包容许多。所以，一个女人获得的容忍与照顾不是毫无缘由的，它来自你的付出，你付出了多少努力，给别人付出了多少善意，就会得到多少回馈。会说话，就是一种善意的努力。

喜欢说"不对"的人，人缘不会很好

——"办公室装修应该选冷色调的，让情绪稳定、冷静。"

——"不，还是选蓝色的，看起来大气，而且适合工作环境。"

熟悉的对话又一次发生在办公室一角，这一次是关于新公司的装潢。

之所以说熟悉，是因为第二个发言者——我曾经的经理 L 女士，总爱以"不"这个字开启自己的讲话。

仔细想想这个简短的对话，你会发现，两个人说的内容几乎没有太大差异！蓝色本来就属于冷色调，而适合工作氛围的装潢就是要让人冷静稳定的，他们提出了一样的意见。

但为什么 L 女士还是先否定了前者的提议呢？

很简单，这是她的语言习惯。或者说，她压根就没有听取别人的意见，只在阐述自己的想法，自然对别人的话都是否定的。

总有很多人，尤其是习惯于发号施令、掌控全局的上司，习惯在开口前先否定别人的话——似乎这样就能显露出自己的正确。然而，这种习惯说别人"不对"的谈话习惯，往往会给他人带来巨大的心理压力。没有人会喜欢一个总否定自己的人，所以总爱说"不对"的人，人缘往往不会太好。

L女士就是这样，在公司里，大多数职员认为她有些独断专行、过于凌厉，而另外一部分人即便没有明确抱怨过，大概也在暗暗祈祷不要分到她的部门。对L女士来说，否定一个人太简单了，即便她认同你的看法，脱口而出的也常常是"不"字。

——"你觉得我这个方案怎么样？"

——"不行，我是说，当然很好。"

这时候，"不行"二字，不过是L女士惯性思维的脱口而出罢了。

在任何场合，都不缺乏能够抓住真相的聪明人，但并不是每个聪明人都能将其令人舒适地展示给别人看。尤其是，当大多数人还未意识到事实，而少数聪明人发现了的时候——很多自以为聪明的行为，往往会引起多数"愚者"的反感，人们的关注点反而不在原本的事实上了，而在你的态度上。

一个真正聪明而受欢迎的女人，不是永远在卖弄自己有多么正确，而是能巧妙地、让别人舒适地点出他们的错误。前者很容易做到，如L女士在内的很多女性都展现了这种聪明能干，但后者却是不论男女都要漫长学习的。

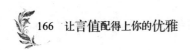

要记住，不是否定别人才能彰显自己，肯定别人一样可以不着痕迹地显露高情商与高智商，以退为进才是双赢的做法。要做到这一点，可以注意下面几个方面：

1. 不要在谈话过程中总是否定别人

除了事关工作的重要谈话，大多数时间我们都不需要用"不对""不"这样生硬的词汇来否定别人。

——"我认为小刘的方案最好。"

——"不，我认为小李方案更好。"

类似这样阐述观点的谈话，我们完全可以将"不"字省略，只要说"我认为小李方案更好"就可以了。

当你说出"不"的时候，意味着你暴露了自己内心的想法——"除了跟我相同的观点，都应该否定"，然而从客观角度来看，你们提出的都只是一种解决办法而已，很难说谁的"对"，谁的"不对"。当我们带着强烈的自我肯定、对他人的否定去谈话时，就会让持有不同意见的人很不舒服。

一个受欢迎的女人，不代表没有自己的看法，永远随波逐流，但她们提出自身看法的时候也是温柔的、看起来没有攻击性的，而这样的方式反而更容易被别人接受。这就是语言上"以柔克刚"的魅力，所以在阐述自身观点时，不妨谦虚一点，只说自己的看法，莫要擅自评判对错。

2. 说 "你错了" 不如说 "我错了"

我们总要面临跟别人有不同意见的情况，越是自信、优秀而聪明的人，在这一刻就越坚持——"一定是对方错了。"

然而，动辄就说 "你错了"，只会激起聊天对象的反感。对啊，凭什么就说是人家错了呢？就算你能拿出证据来证明，只怕也会留下一个过于自负的印象。若是不小心证实人家是对的，更会闹出尴尬收场的结果，实在是威信尽失、尊严扫地。

所以，在出现不同意见的情况下，不妨以 "可能是我错了" 开启一个话题，阐述自己的想法，更能让别人接受不同意见。

——"可能是我想错了，我认为这个方案是这么解决……"

——"我想给你一点小建议，当然，也可能是我错了，我认为还可以……"

——"是我考虑不周吗？我总觉得……"

你看，以这样迂回的方式去诠释 "我觉得你错了"，是不是比直白说出口更加礼貌而温和呢？要做一个受欢迎的女人，就得学会去维护别人的面子，让他们坦然接受你的看法。说 "我错了"，显然比 "你错了" 更有用。

3. 否定别人的时候，也要肯定那些对的地方

当你决定去否定别人的提议时，也应该肯定一下对方，这样

比单纯的否定更容易让人接受，也不会产生太大的抵触情绪。

——"我觉得周末去踏青不错。"

——"不行，你的工作还没做完。"或者"你这个想法很棒，可惜你好像还需要做一些工作不是吗？"

同样含义的回答，第一个直接以"不行"而否定，显然会让人十分沮丧，甚至升起"凭什么不行，我就不加班"的赌气想法；而第二个则先肯定了提议，再提出客观不可行的因素，即便对方觉得遗憾，也会欣然接受你的说法。

若是你习惯用"不行"直接否定别人，只怕在别人眼里，你就是硬邦邦、不懂变通的古板女人了，不小心还会招来不必要的争吵和冲突。只要稍微动点心思，先用肯定的态度拉近与对方的距离，再去提出异议就容易得多。

不要让自己过多地说出"不行""不对""错了"这样否定的话，你会更加受欢迎。

电话交流更需情商，言语礼仪不可忽视

一个在生活或职场上游刃有余、八面玲珑的女性必然是会与人交际的，一个会与人交际的女性必然是会说话的。而这种"会说话"，当然不仅仅体现在我们面对面正式交谈的时候，也不仅只针对我们身边的同事、上司或客户，哪怕是日常工作中的简单交流，哪怕是面对一个素未谋面的陌生人，她也能让对方感到如沐春风、备受尊重。

这就是"会说话"的女人。

做一个这样的女人不容易，即便是接打电话这样的小事，也有许多需要修炼的地方。也许您会说，自有了座机的时代我们就早早学会了接打电话，还有什么需要注意的地方？这可真不一定，在工作和生活中，就有许多人不明白该如何打这一通电话。

小宋是公司的一个销售，每天要跟很多客户对接，这让她整天忙得焦头烂额的，电话更是整天不停地响。

　　在这种情况下，晚接一个电话，就可能意味着一个重要单子流失了，所以小宋在忙碌时特别讨厌别人占用自己的时间，就连打电话也是言简意赅，很少多说什么，有时跟对方讲完一件事，就立刻问："请问您还有事吗？没有的话我就挂了。"对方只要一说"没有事了"，小宋就能立刻将电话"啪"地挂掉。

　　这在小宋眼里不算什么，毕竟她总是很快就投入到下一件事的忙碌中去，但对电话对面的客户来说，就显得小宋脾气不太好了。他们常常被小宋催着挂电话，或者还没反应过来，就听到对面"嘟嘟"的忙音，从电话中就能感受到小宋的不耐烦。这让他们产生了反感的心态——难道商业合作还是单方面求着小宋公司不成？

　　于是，小宋发现，别人都是跟客户越聊越投机、关系越来越好，自己虽然每天都在忙着客户的事情，围着他们团团转，但客户反而特别容易不满意，而且常常态度不好，甚至选择放弃合作。这让小宋很疑惑，难道是自己的工作做得还不到位？还是这些客户都太挑剔、难伺候？

　　俗话说"伸手不打笑脸人"，如果小宋一开始就能采取非常礼貌的、让客户熨帖的交谈方式，客户也不会用很差的态度对待她，更不会一言不合就挑剔各种问题。所以，归根结底还是小宋与他人的交谈方式出了问题。

　　尤其是在打电话这个事上。电话能让两个相隔甚远的人毫无障碍地交流，但也会带来一个麻烦——无法面对面。不能面对面地交流，就意味着隔着电话的两端，我们只能通过语气和内容来猜测对方的态度，所以说话的语气和礼仪将直接影响我们在对方心中留下的形象。如果你本身是个任劳任怨工作的好合作伙伴，却因为讲电话的语气不好，就给对方留下不好印象，是不是就太可惜了呢？所以，一定要学会接打电话，绝不能犯小宋这样的错误。

在商务环境下，如果是我们主动给对方打电话，除了要注意正常的电话礼仪，如言语礼貌、态度友好之外，还要注意几个特别的点：

1. 打电话的时间一定要注意

工作中打电话和日常不同，我们不能随时都打，除非有特殊原因或约定，一定要在工作时间打电话，不要打扰别人的私人时间。很多人忙碌了一天之后，回家都是要休息的，所以很反感别人继续因为工作的事情打扰自己。而午休或用餐时间内，最好也要避开，这样不会给对方带来麻烦、招来恶感。

2. 商务电话从来不是毫无主题的

我们的目标就是在最短的时间内完成一次有目标的交谈，所以提前想好自己要说什么，整理语言很重要，千万不要一边想一边说，很容易语无伦次、毫无重点，让对方觉得不够专业。除非有很多事，否则正常的电话最好控制在 3 分钟以内，如果超出这

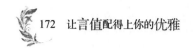

个时间，对方可能就觉得"被打扰"了，也会带来负面影响。

而且，3分钟内的通话可以保证我们都集中注意力，如果时间太长，谈话的效率和准确率就会逐渐下降，因为注意力已经被分散了。

3. 电话一开始，就要说明自己的身份和来意

很多人往往先说一些寒暄的话，迟迟不切入主题，其实对方是很疑惑的：你到底是谁？来干什么？如果他对你的项目不感兴趣，而你能提前说明，对方拒绝后也不会浪费时间，更不会让他们反感；如果他对你的项目感兴趣，那提前说好更能吸引对方的注意力。

除了打电话，接电话一样需要有技巧，不然我们可能"无心插柳"地犯下一些错误，给别人传达傲慢、无礼貌、排斥的情绪，让对方反感。

①电话最好要及时接。打电话时，长时间的等待会让人很快烦躁起来，态度就自然不好了。而我们不能及时接听时，也要第一时间礼貌地道歉，哪怕这通电话来得不是时候，打扰了你正在忙碌的事情，也一定要保持良好的态度，绝不能显得不耐烦。

②如果对方没有说明自己的来意，一定要询问对方是谁、有什么要帮助的事。很多时候，我们接电话时也需要主动介绍一下自己，比如"你好，这里是×××"，或者"我是××"，因为

对方可能不确定是否找对了人，会有犹豫的心态，而我们这种主动确定的话可以让他们迅速打开话题并说明来意，也会让对方消除紧张心态，感到善意。

③打完电话之后，最好让对方先挂电话，如果对方迟迟不挂，也要与对方道别之后再挂电话。我曾遇到过这样"干脆"的女性，说清一件事以后，立刻回答"我知道了"并挂电话，常常把对方还没说出口的话憋了回去，一通电话就变成了两通，还会招来埋怨，这就是商务礼仪不到家的表现。

在打电话时，你"说什么"和"怎么说"一样重要，所以掌握好"说"的办法，我们可以将信息更好地传达给别人。

说话要欲扬先抑，不要总讲"但是"

要论起说话中最让我觉得丧气的词汇，不必多想，必然是"但是"。

尤其是那种欲抑先扬的说话方式，先肯定你一顿之后，再来一句"但是"，立刻就让人将重点放在了后面，更关注"但是"之后的内容了。同样都是欲抑先扬，用其他的词汇就不会产生这种沮丧感。

我们可以比较一下：

"你最近在线下宣传上表现不错，同时，在文案工作上还要进步。"

"你最近在线下宣传上表现不错，当然，在文案工作上还要进步。"

"你最近在线下宣传上表现不错，但是，在文案工作上还要进步。"

当你都读一下的时候，就会发现当你使用"同时"的时候，会觉得前后两件事是一样重的，宣传上的好表现与文案工作的不足并驾齐驱；当你使用"当然"的时候，就显得稍重前半句，而后半句对于文案工作的不足只是稍微一提；当你使用"但是"，相信你的大部分关注度都放在了后面的不足之处。

这就是"但是"这个词的魅力——总能让人更关注后面的内容。所以，要么不要总用但是；如果你喜欢用，那就记得欲扬先抑地说话，先说不足，再夸对方。

在身边的同事当中，小 C 最不喜欢跟办公室的刘姐说话。倒不是因为刘姐脾气不好，或者不会做事，相反，刘姐平时颇为照顾大家，因为年纪比较大，资历较深，所以懂得很多，总愿意在力所能及的事情上给予他人帮助。小 C 不愿跟刘姐交流，是因为跟她说话实在是太打击人了，每次说得好好的，最后总要以沮丧收场。

"我当然知道她是个好人，对她也没有任何意见，不过要是没事儿，我真不愿意跟刘姐聊天儿，越聊越心塞。"小 C 这样跟身边的朋友悄悄说。

比如这天，小 C 拿着自己的一个项目策划来请教刘姐。刘姐在看了之后，先是鼓励了她一下："不错，你刚开始做这方面，看起来还有模样的。"

小 C 自己也觉得这次的工作付出有点效果，刚有点自信，就听到刘姐接着说："但是，你看这个地方吧，考虑得很不周全；这个地方也不太可能实现，有点天方夜谭了；还有这里……"

这一句"但是"下来，把小 C 打击的体无完肤，最后垂头丧气地回去了。

如果说在工作状态下还无可非议，那么刘姐在生活当中也总是这个态度，就让人觉得隐约有些丧气了。比如办公室的姑娘今天穿了一件新裙子，大家都客观地评论哪些地方好看，哪些地方有些缺点，刘姐就一定要说："虽然整体看起来不错，但是和你不太搭。"这一"但是"，听着就不是很妙了。

同样都是这样的评价，办公室的另一位同事就会说话得多，若是她要表达这个意思，只要简单换个顺序就能立刻顺耳起来："虽然这个裙子和你有点不搭，但是整体的效果看起来还是不错哦！"

就因为两个人在说话态度、癖好上有一点点差异，在表达相同的内容时，带给别人的观感就截然不同。也难怪，小 C 总是不愿意跟刘姐聊天，自己却找不到原因了——谁能想到，只是因为聊天当中的某个词汇、某个细节呢？

如果我们想要做一个会说话的女人，让别人愿意跟自己聊天，享受跟自己聊天的过程，就一定要注意在聊天时多展示一些积极的信号，让别人能越聊越开心，而不是越聊越丧气。这种情况下，就应该谨慎使用某些词语，或者通过语义的安排，来淡化话语中的负面暗示，让别人更多地重视正面、积极的一面。这样一来，他们就会觉得跟你聊天是一件很有意思的事情，变得越来越愿意与你聊天了。

越聊越积极，从下面几个细节就能体现：

1. 若要夸奖或批评别人，尽量不要用"但是"来转折

"但是"这个词汇语义上非常明显偏重后面半句，当你说出这个词语时，就意味着你更着重于传达后面半句的含义，所以，当你想要先夸赞别人，然后再进行批评指教，就千万不要用"但是"这个词。不管是表达并列的"同时""然后"，还是偏重前句的"当然"等，用起来都会比"但是"更有积极的意味。

2. 若要用"但是"，尽量采取欲扬先抑的表达

既然这个词汇侧重的是后面半句的语义，那么你可以将批评的内容放在前面，先将话题"抑"下去，再"扬"起来，对方一定会听起来非常舒服。

相传，唐伯虎在受邀给富商的母亲祝寿时，写过这样一首诗：

"堂前老妇不是人，南海观音下凡尘，生来儿女都是贼，偷得蟠桃献母亲。"

这诗中每一联，每一句都是欲扬先抑的手法，先抑到底，才显得后面更有意境。当这个小故事是否真的是唐伯虎亲身所经历并不重要，你只要体会到欲扬先抑的手法在语言中的魅力就行了。

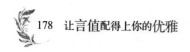

3. 对聊天中的积极信号要多渲染，少提消极的内容

对于成年人来说，我们更应该懂得四两拨千斤的谈话要诀。一些消极的内容并不需要，耳提面命地再三重复，只要你提一下，对方往往就能心有灵犀地感受你的意思，并在之后进行改善。所以想要说话让人舒服，当然要多去渲染一些积极的信号，或者将消极的内容以积极的方式表达出来，只要能够点拨对方，让其明白你的意思，就算达成了目的。如果说话总是围绕着消极的内容打转，时间久了，就算你是忠言逆耳，也很少有人能愿意围在你身边听你的意见。

做一个会说话的人，就应该懂得如何将同样的意思，以最合适的方式传达出去。语言的魅力就在于此，哪怕你的表述方式截然不同，到了对方耳中，他们接受的信息也可能是一样的，既然如此，为什么要选择最消极最让人不快的那种方式呢？要解决好这个问题，你就在语言道路上成功了一半了。

不窃窃私语，是一种尊重

在社交场合，想在与他人交流的过程中，给对方留下优雅得体的印象，具备必要的社交礼仪是非常重要的。与多人在公共场合的交往和两个人之间的交际还有不同，我们不仅要重视正在交谈的对象的感受，也要照顾到场合中其他人的想法，所以切记不要在与他人交流的过程中窃窃私语，这是相当不礼貌的一种信号。

在我们的身体语言里，有些行为与动作是开放式的，比如张开双臂拥抱他人、坐下时将双臂搭在椅子扶手上等比较舒展的动作，都表现出我们对整个环境的适应，传达给别人一种"我接受你""我很享受这个氛围"的信息；有些动作语言则是封闭式的，表露出对他人的警惕和防范，比如双手环抱在胸前就是较为警惕、紧张的表现，而与他人窃窃私语，也是一种非常抗拒周围环境的动作。

俗话说"事无不可对人言"，如果没有说什么不可告人的秘密，为什么不能正常地进行交流呢？所以选择耳语的人，往往被认为是在说他人的隐私或者不太好的话题，总之，是因为不信任在场的其他人，所以才会出现这样的防范行为。在公共场合选择与交谈的对象以耳语的方式交流，会让周围人立刻感受到防范和排斥，也许你所说的话题与他们无关，但他们的心里，已经在你的名字上画上了一个重重的叉号。

L小姐有几个关系很要好的同事兼闺蜜，这在L小姐心里是一件非常得意的事情——谁说办公室不能有真情意，她们几个关系就相当好嘛！

因为和闺蜜关系好，所以L小姐一遇到事情就喜欢与她们说，在微信上聊天还不够，还要凑到边上去"咬耳朵"。一方面，这是因为L小姐觉得在办公室不好意思大声说话；另一方面，则是因为她们常常八卦，所以习惯在一个密闭的小群体里交流。

不仅平时凑在一起就窃窃私语，就算是参加活动，L小姐也总是和几个闺蜜待在一起，站在一个安全的角落里私下聊天。她们喜欢这种安全的感觉，哪怕说的内容跟周围人毫无关系，也总是离别人远一点、说话声音小一点才能放心。

从某些角度上看，这是一种安全感缺失的表现。但对于L小姐的其他同事来说，他们可不一定能理解女孩的小心思。他们非常反感这种窃窃私语，尤其是L小姐当着他们的面去跟别人咬耳朵时，同事们总是如坐针毡。

"她们为什么声音这么小，是不是在说我的坏话""她们是不是总在传八卦，甚至是传谣言""她们一个小群体的，我们都是外人"……

窃窃私语的 L 小姐不知道，她们的这种行为，已经给别人造成了如上所示的各种心理暗示。后来，就连上司都单独约见过 L 小姐几人，美其名曰她们"关系太好"，希望她们能保持正常的同事距离，不要影响别人也不要影响工作。

"我们关系好碍着谁了？"L 小姐还是一头雾水，并没明白其中的问题所在。

其实，大多数人都很在意别人的看法，所以当我们看到身边有人窃窃私语时，就算理智上觉得不应该与自己有关，还是会介意是不是在说自己的坏话。即便不很在意，内心其实也是反感和排斥的。窃窃私语本身就是一个将别人排除在外的行为，有什么事情是要躲着别人去说的呢？肯定是不好见人的话，而这样的话，就容易让他人觉得不适。

所以，千万不要在社交场合窃窃私语，注意这些说话细节，你才能赢得别人的喜爱。

1. 避免窃窃私语，光明正大交谈

窃窃私语的危害我们已经说得差不多了，所以在社交场合，如果是可以光明正大说话的地方，就一定要坦然去跟别人聊天。

若是真的有什么私事想要说，可以躲开他人去交流，或者以手机等媒介联系，千万不要在别人面前窃窃私语——除非你已经不在乎围观者的好感度了。

2. 不窃窃私语，也不要放声大笑

除了不能窃窃私语之外，放声大笑也是交际场合非常忌讳的行为。一个优雅的女性，在公共场所的一切行为都要以一个原则为前提，那就是不能影响他人。这也不仅仅是优雅女人要做到的，而是每一个有修养、懂礼仪的人都应理解的，而当众放声大笑显然不符合这一原则。放声大笑不仅影响自己的形象，让整个人的气质显得低俗，也容易影响别人的正常交流。

在公共场合，大声说话会打扰到别人，而放声大笑一样会让他人感到不适。如果说大声说话只是我们的发声习惯不太好，很难控制，那放声大笑就真的是修养问题了。即便是要宣泄格外兴奋、高兴的心情，也可以选择微笑或掩面无声地笑。

笑声低一点难道真的那么难吗？恐怕并不是，只是很多人压根就不想将自己的笑声降低一些罢了。这部分不关心公共场合他人利益的人，往往也会被交际圈排除在外。

3. 讲话内容避免对别人说长道短

除了不要放声大笑以外，在参加社会交际活动时，也切记不要随意评判他人、说人长短。尤其是揭露他人的隐秘事件，与第三方谈论别人的隐私，怎样都是错误的。如果你谈论的隐私是从传言那里听来的，那这种传播流言的行为就难逃"八婆"属性，会让人觉得非常八卦、修养不足；如果你谈论的隐私是别人告诉你的，那他人如此信任你，你却向第三者暴露别人的秘密，是不是有些太没品了？所以，这样的人很容易引发别人反感，也许这次对方还愿意跟你说话，但下次就"敬而远之"了。

所以，公共场合的交际应该是一切都放在阳光下的，谈论生活也好、工作也罢，要注意范围和主题，不要涉及双方和他人比较敏感的话题，这样才是对彼此的尊重。

第六章

懂得**换位**思考，
做**善解人意**的好女人

学会给人递话，照顾他人感受

在交际场合当中，一个会说话的女人，不仅能够将别人的目光都吸引到自己这里，更应该让谈话的所有参与者都能感觉到舒适，只有对方感觉到舒适了，他们才会继续与你交谈，你才有机会成为别人眼中会说话的人，如果你只是学会了展示自己，还没有照顾到别人的需求那就谈不上会说话，更不可能在交际中做到游刃有余。

所以一个会说话的女人不仅能够随时抓住聊天时的话语权，还能照顾到每一个参与者，将话语权很好地传递出去。一个最会谈话的人，不是永远自己在喋喋不休的，而是能够调节好一个群体的谈话气氛。这其中，"会递话"远远比"会说话"还要重要。

会递话的人不仅会说话，能够掌控整个谈话局面，还会察言观色，知道谁有表达自己的欲望，谁又能很好地将自己的想法表现出来。只有对这些有足够的了解，才能把握好整个谈话的节奏。

菲姐就是我们朋友圈中一个非常会掌握谈话节奏的人，与其说她是一个会说话的人，不如说这位女士更像是一个游刃有余的主持人。不管是什么人，跟她一起聊天，得到的最大感受就是非常舒服。

　　和菲姐聊天的时候，她不会忽略每一个人。可能有的人喜欢说话，所以平时喜欢表现自己，一旦在群体当中得到讲话的机会，就喜欢大讲特讲，根本刹不住车。可能有的人就不那么喜欢说话，平时很少发言，所以就算偶尔他们有什么想说的，也往往因为平时不善表达，而被别人忽略了。但是跟菲姐聊天则不一样，她会注意到你想要说话的表情，如果你有什么想说的，她会很好地将讲话的机会交给你。

　　比如说上一次，菲姐和几个朋友一起聚会，他们当中既有从事销售等行业，善于跟别人打交道的人，也有那些平时少言寡语的人。每当处于这种环境下，菲姐往往不是最积极发言的那一个，但一定是掌握着整体谈话节奏的人。大多数时间，她都会将谈话的机会让给那些想要表达自己、话相对较多的朋友。不过如果看到谁有发言的想法，表情中透露出跃跃欲试，她就会找机会稍微打断别人的长篇大论，以询问问题或者交流的态度，将话题引向想发言的人。

　　所以有菲姐在的时候，就算是再沉默的朋友，也会得到最好的照顾，他们就会觉得聊天过程非常开心。

"要是朋友之间的谈话还没有什么，有些时候，我们的聊天往往是有目的的，比如想要获得某些人士透露出的信息，这些人可能并不是擅长表达的人，所以你就要注意在聊天的时候给他们一些说话的机会，让他们表达自己。有些人总是分不清主次，明明是邀请客人，自己滔滔不绝，长篇大论个没完，难免显得不够尊重客人。"对自己为什么这么注意照顾别人的谈话感受，菲姐是这样说的：

对一个会说话的女人来说，自己说得好，还不是最要紧的，还应该让谈话的对象在想说话的时候，也能有表达的机会。如果总是你一个人唱独角戏，而你想要合作的对象却被你堵得严严实实，丝毫没有讲话的机会，他们未必感到很舒服。

所以说换位思考，学会照顾别人的感受，你就要学会给想说话的人"递话"，这是一个非常值得修炼和探究的技巧。

1. 谈话是一个多方进行的合作，而不是一个人的独角戏

我们因为性格或者是口才的原因，在周围总有那么几个特别能说会道的人，也有几个拙于言语的人。这并不意味着能说会道的人就有更多的说话机会，要知道谈话更多的是交流，是彼此之间信息上的传递，而不是一个人的演讲，不能够成为独角戏。如果永远都只是那几个话多的人在发言，很快，这些谈话就会变得枯燥乏味，让人缺乏兴趣。所以必须要让每个人都参与进来，要

明白谈话的重点是照顾到所有人。

2. 学会观察别人的表情，当他们想要说话，就给他们机会

"怎么了，××，你有什么想法吗？"

哪怕是这样一句简单的话，也足以将大家的注意力转移到想说话的人身上，给他一个表达自己的机会。我们可以学会观察别人的表情，当他们眼睛微瞪，身体前倾，嘴巴不自觉张开的时候，就是有要表达的意愿，有话可说的时候。一旦发现对方想说话，却无法插入到我们的交谈中，你就可以主动照顾到对方的想法，给他们一个说话的机会。

3. 如果别人没什么想说的，尽量不要去递话

有想说话的时候，同样也会有无话可说的时候。如果当你发现谈话的参与者并没有什么想说话的欲望，只是一直在沉默、微笑地倾听的话，可以在你发言之前略微停顿一两秒，给他们一个参与交流的机会，如果他们并没有说话，说明对方可能很享受目前这种倾听的状态，没有什么话题要谈，此时你就不要主动把他们拉入其中，说不定会让对方措手不及，反而不知道该说什么好。

4. 如果对方特别寡言，一定要创造交流机会

如果你的谈话对象是一个寡言的人，不管怎样，都没有主动

产生表达想法的情况，你也可以主动去创造交流的机会。比如询问他们一些比较简单的问题，一步一步拉近彼此的关系，并让他们愿意去表达自己的想法。对于这些寡言的人来说，他们未必是没有想说的话，有可能是不好意思，或者并没有想到要发言，你就可以通过问题来引导，让对方找到自己感兴趣的谈话点。

请一定要记住，谈话是一个双方的事情，所以当我们给对方说话机会的时候，其实也是在给自己聊天的机会。

要学会给别人留一分面子

说话是给别人永远留一分面子，这也是一种善解人意的表现。事实上，对于大多数人而言，你说得再舌灿莲花，与他再心有灵犀，都不及你在说话时给他留一分面子，更让对方觉得满意和可贵。没办法，总有那么一些人将面子看得比任何事都重要，你要是不给他面子，他就能不给你退路。

一个会说话的女人，都很会给别人留面子，在说服别人的时候也好，在表达自己观念的时候也好，永远都给对方一个台阶下，不会将所有人的退路都堵死。就算看到对方吹牛或者说谎，她们也能够聪明地不揭穿这些，就是为了不让对方下不来台。有些人可能觉得，这种"看破不说破"往往会看起来不够聪明，好像被他人的谎言蒙蔽了似的，殊不知这才是最聪明、最高明的境界。

总是在别人那里看起来很聪明，并不是一件最好的事情；让别人觉得跟你相处很舒服，才是一个聪明人应该做的。有些看似聪明的人，为了展现自己的与众不同，丝毫不给他人在言语中留面子，总是以驳倒别人，或者拆穿别人不经推敲的谎言为乐。没错，他们看似能够赢得一时的胜利，实则在得意扬扬之中，已经将所有人都得罪光了。这样不给别人留面子，一旦他们遇到了什么问题，别人也不会给他们留退路的。

所以我们在说话的时候，一定要习惯为别人留一分面子。比如当对方的错误已经人所共知的时候，你不应该一味地指责他们，而是要在谈话中给对方一个台阶下，从对方的角度出发，为他们描补。

比如，假如你的同事犯了一个错误，而这个错误已经公布了出来，就不需要你再对这件事进行强调了。所以此时你面对错误的态度，应该是给同事一个台阶下。你可以说："要是我在当时，可能也会犯这样的错，毕竟那时候谁知道现在的结果呀！"这样的话虽然听起来不痛不痒，但至少保住了同事的面子，他们绝对会觉得很舒服，总比"事后诸葛亮"的表现要好得多。

只有在讲话中时刻知道给对方留面子，不把所有的话说死了，别人才愿意跟你交流。要是你总是咄咄逼人，一点后路都不给别人留，恐怕就连自己也不愿意和自己这种人交往吧！

前两天去购物时，我目睹了这样一个突发事件：

一名女顾客坚持要把自己买的羊毛大衣退货，可是这件羊毛大衣在售货员的检查之下发现应该已经被清洗过了。按理说，送去干洗过的羊毛大衣是绝对不能退货的，可是女顾客坚称："我绝对没有把这件衣服送去洗过。"

　　第一个售货员的专业能力很强，就是他发现了这件羊毛大衣已经干洗过了，要知道外行人第一眼看上去是完全分不清是否洗过的。所以这个售货员的态度非常强硬，一直坚持"只要大衣清洗过了，是绝对不能退换的"。

　　这样的态度让女顾客气得面红耳赤，抱着大衣在那里一遍一遍强调"我真的没洗过"。眼看着她就要生气了，要把经理再叫来，即将将一件小事闹成大事的时候，另一位售货员就走了上来。

　　这位售货员是一个年纪不小的女士，看起来比较普通，没有刚才那位售货员更具备专业，可是说出的话就好听多了："我也相信您真的没有把这件大衣专门送去干洗过，是不是您的家人洗其他衣服的时候，不小心把这件衣服也带进去了呢？平时我去干洗店就是这样，常常抱着一大堆衣服，所以根本不知道自己清洗了哪些，甚至连新衣服都莫名其妙送去洗。所以说不定是您的家人将这件衣服送去洗过，而您也不知道呢！"

　　安慰完了这位女顾客，售货员接着说："虽然我也很理解您的心情，但是实在没有办法，这件衣服只要清洗过了就不能退换的，也请您理解我们的难处。"

　　她将女顾客的行为有理有据地解释了一下，并没有一味反驳对方，而是给出了一个新的可能，那就是对方可能确实没有意识

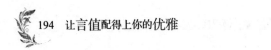

到衣服洗过了。但在这个基础上，售货员并没有承诺愿意给对方退货，还是坚持了自己的原则。

可是听到她的这番话，顾客就没有那么生气了，反而抱着衣服想了想说："有可能是这样，那我回去再问问吧！"

在我看来，这位女顾客未必不知道这件衣服送去干洗过，但她可能抱着侥幸心态，想将其成功退换。所以当被拆穿的时候，她一定也是升起了后退之心的。可是第一位售货员的态度太斩钉截铁了，仿佛在质疑她故意将衣服送过来，一点面子都不给人留，她才只能坚定自己的立场。

但是第二位售货员则不同，她给对方留了面子，也留了退路，对方自然就顺竿儿下，不再纠结这件事了。

所以很多时候我们要解决一个问题，要避免一个小的矛盾演变成大的冲突或者是争吵，就一定要在话语中给对方留台阶下，给他们一个退后的机会，他们才能够如你所想的后退一步。很多时候，别人之所以在争吵当中，寸步不让，不是因为他们咄咄逼人，是因为你话赶话，没有给他们后退的机会。

所以，永远给别人留一分面子，永远给对方留一步退路，不仅仅对别人有好处，也能让你更容易达成自己的想法和目的。

给别人留面子，可以从以下几个细节出发：

1. 对别人的谎言不戳破也不承认

如果别人因为好面子而撒了谎，你可以不承认，不附和，但也尽量不要直接戳破。因为他们绝对会为谎言寻找各种可以弥补的借口，如果你是一个会交际的人，就应该知道适可而止，发现了对方在说谎，也不要点破。否则直接戳穿，不仅对方有借口可以挽救，还容易因此而恼羞成怒，甚至和你的关系出现危机。

在对方说了谎之后，心里忐忑不安时，不要戳破他们的谎言，而是给对方一点面子，悄悄地点出这件事你可能已经知道了，说谎者反而会因为内心的愧疚而自动改正。

2. 不要直言直语，凡事出口前多思考

直言直语，经常会伤害到别人，因为你说的话虽然是事实，但是可能没给别人留面子，所以说出来后让对方处于非常难堪的境地。一个直言直语的女人，就算平时豪爽大方，得人喜爱，也常常会因为说话谨慎而出现祸从口出的情况，甚至惹来一些不必要的麻烦。

比如别人可能非常忌讳这件事，但你丝毫没有考虑过这个问题，就直接将话说明，就会让对方觉得很尴尬。如果所有人都知道对方忌讳这件事，只有你说了出来，更会让他们觉得你是不是故意给对方难堪，不想给他们台阶下，这样就显得非常不好了。

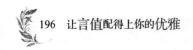

3. 即便是吵架，也不要将话说绝

　　就算是你和别人产生了摩擦，也不要用非常激烈的语言来攻击对方，毕竟当火气下来之后，两个人还是要面对面坐在一起，理智地说清问题，如果在吵架时一点都不给对方留面子，当理智回笼，你就会觉得非常尴尬，不知道该说什么好。若是你还想挽回这段关系，那就更应该注意自己说话时的态度，不能把话说得太绝对。

　　给对方留面子，也是给自己留退路，当你在话语中给对方留了一个可以进退的空间，就意味着将来如果产生了分歧，说服对方的概率也会上升。所以不管是为了自己，还是为了别人，说话的时候，都应该学会给对方留一点面子。

高情商的人会主动妥协

"妥协"这两个字可能人人都认识，但是未必每一个人都能领会到妥协背后的积极之处，领会到一个主动妥协的人能够获得怎样的好处。

在大多数人眼中，妥协了，就是后退了，就是在别人眼中示弱了，所以不管是针锋相对的时候，还是两个人和平相处时，只要出现了分歧，都很难有一个人愿意主动妥协退让。他们觉得妥协会让自己失了面子，会让别人觉得自己是一个容易后退的老好人，会显得自己没有原则……总之，种种因素，不管这个理由是否成立，大多数人都是不愿意在双方的关系中成为主动妥协的那一个的。

我却要说主动妥协能够带来很多好处，一个高情商的人，可能并不热衷于如何在两人的关系中站在制高点，但一定会在合适的时候主动妥协。

　　有的时候, 两个人的相处就像在斗牛, 如果双方都不肯退一步, 就永远在针锋相对, 那就纠缠在了一起, 越是使劲, 就越容易受伤。最后, 要么就是一方大获全胜, 一方遍体鳞伤, 要么就是双方都在这种角力当中, 得不到什么好处。日常的相处毕竟不是辩论, 很难分出谁胜谁负, 胜者不一定会成为赢家, 败者也不一定会失去很多东西。既然如此, 为什么要一直纠结于一时的得失呢? 你此刻妥协, 反而容易引起对方的愧疚感, 让对方在之后加倍补偿。

　　最重要的是, 妥协解决了一时产生的火药味, 避免了很多不必要的矛盾和问题, 是一个非常好的润滑剂。

　　"退一步海阔天空", 这句话的精髓就在于适时妥协。我的朋友小 R 之所以能够认识到这句话的意义, 也是因为自己曾经因此吃过大亏。

　　小 R 在刚进入职场的时候, 是一个意气风发的年轻人, 她不仅野心勃勃, 想要创造出一番事业, 而且也具备足够的能力让自己崭露头角。经过几个月的奋斗, 他就在新的公司站住了脚跟, 成为上司领导下最受器重的下属。

　　这让小 R 更觉得春风得意, 在说话做事等细节上也显得越发张扬起来, 有很多地方常常不够注意。有一次在部门聚会时, 她就跟隔壁部的一个年轻人聊了起来。

　　双方一开始只是聊一些生活上的小事, 没想到谈起最近的一个八卦时, 彼此就出现了很大的分歧。小 R 觉得对方实在是"直男癌"，对方也觉得小 R 的想法不能接受，两人谁都不愿意，各自退一步，反而越说越激烈，甚至因为这一点与自己无关的小事，就产生了摩擦和冲突。

事后回忆起来，小 R 也觉得非常后悔，不知道自己当时受了什么刺激才会这样。但是后悔也来不及了，她已经因为一些不必要的小事得罪了别人。

后来小 R 才知道，这个年轻人与经理有些关系，所以在公司里一直混得如鱼得水，没什么人敢得罪他。自己虽然只是和他在几句话之间有了一些不愉快，但就被这个年轻人记在了心里，没少给小 R 使绊子。

其实，倒是小 R 完全不必在那个年轻人面前坚持自己的看法，她可以退一步，不再去关注这个问题，两个人也就可以避免摩擦了。要知道他们只是比陌生人稍微好一点的关系，本来就不必强迫对方认同自己，就算在观念上有一些不合拍的地方，也不影响他们的生活。但两个人在说话的时候，谁也不愿退一步，各执己见导致产生了不愉快，这才是最终导致小 R 得罪人的最本质原因。

所以在不必要的时候，做一个高情商的人，就应该学会主动妥协，妥协不是一个丢脸的事情。有些人在对待小事上的态度也格外激烈，信奉"不是东风压倒西风，就是西风压倒东风"的战斗思想，凡事一定要分出个胜负，这就导致他们在妥协这件事上看得格外重，总是一步不肯退。然而只要合作，就需要磨合，不可能总满足你的所有需求，所以谈话也好，做事也罢，总需要有妥协的时候。既然最后都是一样的结果，为什么要在产生摩擦之后才无奈退步呢？我认为那样的场面更丢面子。与其如此，不如在针锋相对时主动退一步，既给自己留下了发挥的余地，也给对方留了面子，更重要的是体现出我们的风度和胸怀，就比被迫妥协要显得更高一筹了。

　　所以高情商的人应该学会主动妥协，在很多时候都需要你主动妥协：

1. 在家庭生活中，妥协可以成为你的法宝

　　既然都是一家人，就不要计较，谁输谁赢谁进了一步，谁退了一步。在家庭生活中，我们更应该在发生冲突的时候学会主动妥协，甚至都不必考虑任何外界的因素，也不用考虑是否要面子的问题。要知道对方也是你的家人，在家人面前后退一步，哪怕失了些面子，却能保证家庭的和谐，又有什么不好的呢？在家庭当中的主动妥协，是百利而无一害的，只要不是你的原则问题，能退一步就退一步，双方不要有太大火气才是最好的。

2. 职场工作中，适时妥协，可以为你赢得人缘

　　当然，请一定要注意，这是适当妥协。妥协应该放在刀刃上，在对方坚持不肯退步，一步不让的尴尬局面下，妥协一下无伤大雅，

既能够避免出现冲突，也能够给彼此留面子。但这不意味着妥协就要成为习惯，不意味着你要习惯于放弃自己应有的权益。如果你成了一个毫无原则习惯妥协的人，就很容易在职场中受到别人的欺负，别人也不会在乎你的意见和看法，最终成为一个老好人，但也成为一个边缘人士。

3. 在交际场合下，话语间应该给自己留妥协的余地

　　就像我们之前所说的，不要总是用十分绝对的语气去说话，这就是在交际场合中，从话语上给自己留下妥协的余地。因为从没有说过绝对，也没有保证过什么事情，所以当你决定妥协的时候，就不会丢失面子。不仅如此，交际场合里我们更不看对错胜负，只看彼此之间有没有成功塑造出良好的关系。此时，那个愿意主动退后维护双方关系的人，就会成为交际中的受益者。

　　所以妥协并非在任何环境下都是一种错误的选择，学会适当的妥协，对你的人生可以有更好的帮助和更积极的影响。

善解人意不是自以为是

可能很多人都听说过这样一个理论：

如果我喜欢吃苹果，就算你给我一车梨子，我也不会深受感动。你只是感动了你自己。

这个理论常常被用在恋爱当中，形容一个人看似对自己的男友或者女友很好，其实并不了解对方需要什么，只是在感动自己罢了。其实，在交际中也是如此，做一个善解人意的女人，做一个成功的"解语花"，并不是自以为是的表演。我们说出的话不应该仅仅是感动自己，而是要真的切中别人的内心，做到感动别人，否则就是俗称的"戏精"了。

在我的朋友圈里，小蕾致力于成为别人的"知心姐姐"，只要别人有什么倾诉的欲望，她都会主动张开自己的臂膀去拥抱对方。但是前提是——对方也得愿意拥抱她才行啊！

事实上，对于小蕾的慷慨，其实很多人都是拒绝的。她们表示，虽然一开始非常愿意跟小蕾倾诉或者交流，但是跟她说话实在是太累了，因为她总是喜欢曲解你的意思，然后从自己的想法出发去"教育"你或者对你"洗脑"，试图让你认同她的理论，这一点非常令人不爽。

"我并不想认同她那一套，但是每次跟她说话她都要一再重复，生怕我不听。说完之后，她还一脸很感动的样子，可是我一点都不感动啊！"有个朋友这样吐槽道。

比如这天，小H因为和男朋友吵架的关系，有些沮丧，就忍不住将事情告诉了小蕾。小蕾听到了之后，就觉得按照自己的想法，这样的男朋友早就应该分手了。她以为小H也是这么想的，就理所当然地劝慰她"天涯何处无芳草""不用在一棵树上吊死"。

小蕾说得是情真意切，但是小H却有些出戏："我压根没想跟我的男朋友分手啊！"

听到小H说这话，小蕾才郁闷了，她还以为自己说中了小H心里的想法，颇有些激动呢！没想到对方压根就不是这么想的。这样一来，小蕾就有些不甘心，为什么小H不能接受自己的看法呢？她干脆开始洗脑小H："以前没那么想没事，你看看你男朋友都这么对待你了，分手也不算什么！"

这下可把小H得罪了，气得说了几句就转身走了。而小蕾也觉得有点委屈，自己明明是一片好心，而且是小H先来吐槽男友的，怎么还不让别人说了呢？

　　小蕾一心想要成为别人眼中的知心姐姐，成为善解人意的那个，殊不知她虽然会揣测别人的内心想法，却道行还不够，所以总是自以为是地去解读别人的意思，自然不会说到人心坎里去。

　　想成为善解人意的人，其实并不容易。这不仅意味着你要会说，还要能成功"get"到别人的意思，知道别人到底想说什么、想听什么回答，这样才能很好地成为他们心有灵犀的解语花，成为最善解人意的那一个。如果你的脑回路和别人不同，又不会理解别人的想法，最后所持的观念常常南辕北辙，跟别人聊着聊着就不欢而散了。

　　此时，就得注意不要自行去解读别人，而是要让别人多表达自己：

1. 要善解人意，就要给别人倾诉的机会

　　要表现自己的善解人意之处，你就要先给对方表达意见的机会，这样才有站得住脚的出发点去表达你的支持。有些人虽然表面上善解人意，其实并没给别人说话的机会，只是一味说些自以为然的话而已。

　　比如，前不久我的一位朋友要闹离婚，亲戚都觉得离婚一定是一件令人伤心难过的事情，而朋友也不是真心想离婚。于是某位亲戚也没问过里面的主要情况，就开始劝慰她"还是家庭和睦最重要""离婚的女人不好过日子"云云。这可把朋友气得不轻，

因为她要离婚是因为对方婚内出轨，实在是忍无可忍，而亲戚不仅没有了解其中的情况，还一来就自说自话，当然令人反感了。

所以，你得先给人倾诉的机会，知道具体情况是什么，再去发言不迟。

2. 表现善解人意，你就得站在对方那个阵营

一个善解人意的女人不仅知道对方想说什么，还应该对对方的话表示一定的支持。很多人在对方表达完自己意见之后，立刻表示自己"听懂了但是不赞成"，这在辩论或者聊天的时候当然是可以的，但在对方需要你支持、劝慰的时候，就显得有些不合时宜了。而正是这些时候提供足够的帮助与支持，才会显出你是个善解人意的人。所以在某些时刻，当对方不需要你帮他们参谋或者选择，只需要一个倾听者时，最好站在对方的阵营去说话，哪怕不赞同，也尽量表达中立一些，否则只会让对方误会你故意跟他作对。

3. 表现善解人意，你应该态度更加温柔

一个善解人意的女人说话绝对不能咄咄逼人，你应该更加温柔地表现自己的态度和想法，而不是针锋相对。此时，你要展现自己女性化的一面，用温柔的态度和情怀去打动别人，才会获得别人的肯定，让别人觉得你是一个会说话、懂他们的人。

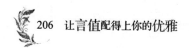

　　善解人意的女人不好做，有时候更需要观察力和情商，而不仅仅是说话的技巧与艺术。在社交场合中混迹，这些都是需要综合起来的能力，仅仅会说话当然是不够的，因为只有有情商的人，才能算作是真正的会说话。

不爱炫耀，是另一种善良

我们有时总是在朋友圈中见到这样的姑娘——

今天可能买了一件奢侈品或昂贵的首饰，就迫不及待地配上自拍，以"淡定优雅地生活"为主题发到网上；只要一出去吃饭，必然要分享自己吃了什么，最好还要拍一拍点菜单，配文则是"女人要对自己好一点"……

你确定，你的图片与文字内容真的符合吗？一个真正优雅有气质的女人，是绝对不会把向别人炫耀自己的生活当作值得骄傲的"优雅"事情的。

真正有气质的女人，有着足够充实的现实生活，她们不需要在网络上向别人炫耀自己的点滴；真正有气质的女人，尊重他人、会赞美他人，而从来不炫耀自己的成就。之所以谦逊，是因为她们骨子里自信；之所以愿意低头，是因为她们不需要时刻昂着脑袋来彰显存在感。

一个谦逊的女人，本身必然具备着不需炫耀也耀眼的因素，这让她们显得更有修养。所以，在谈话时你应该学会不炫耀，这不仅是一种发自内心的善良，也是一种让别人产生好感的技巧。

一个喜欢炫耀的人，说话的目的是引起别人的羡慕，她因此而获得了满足，但是产生羡慕感的人呢？他们一定会因为炫耀者的炫耀，而变得更难以接受现状，变得自卑甚至是自暴自弃，总之是一些或多或少的负面情绪。这些别人的负面情绪看似与我们无关，但是如果你总是炫耀，总是让别人沮丧，别人就会失去跟你聊天的动力和勇气——为什么要没事找罪受？所以，你可以交流的对象就会越来越少。

这当然是一种悲剧，是一种不会说话的表现。所以，不爱炫耀不仅仅是一种善良，更是一种谈话的技巧，是一种会说话的表现。

M小姐是一个很会说话的人，重要的是，她一直很低调，所以常常得到周围人的赞赏。

M小姐在一家外企公司任职，虽然收入不菲，但是相对于她的家境来说并不算什么。她的父亲是家乡一家全省有名企业的老板，家资过亿，足以给自己的独生女儿提供一个非常优渥的环境。但是M小姐并不十分在意这些，而且她很注意在生活中不暴露自己的家境，因为她担心别人会因为羡慕而产生嫉妒之心，这对自己是很不好的。

"我能理解。如果我的身边也有一个这样难以企及的'富二代'，和我做一样的工作却有着不一样的背景，我也难免会有不平衡的感觉。所以我理解他们，也绝对不愿意拿这些东西来伤害他们。" M 小姐这样说。

在她这里，我明白了什么是会说话、会做人，什么是不炫耀而带来的善良。当一年的工作结束时，M 小姐在年会上得到了"最优秀员工"的奖项，当她上台领奖时，就成为万众瞩目的那一个。我以为这一次，她一定会忍不住专注于自己的快乐，可她还是兼顾了别人，力求将一切做得很得体。

虽然她成为优秀员工而别人没有，但是在说获奖感言时，她并没有过多描述自己是多么应该获得这个奖项，或者感谢某某，而是表示在座的都是和自己一样优秀的员工，甚至很多人比自己还要优秀，只是因为自己得到了最好的机会去展现实力，所以才侥幸获得了这个奖项。也许明年，这个奖就不属于她了，所以她还得加倍努力才行，绝对不能让别人把这个奖抢走了。

这样一番风趣幽默的感言，既说明自己是在公司这个平台上得到了展现自己的机会，又说明别人也不差，而且很有可能在未来成为新的获奖者，又说明自己未来一定会更加努力。别人听到她的话，不仅不会产生嫉妒之心，还会觉得 M 小姐说得到位，说到了自己心里。

要做到这一点其实并不容易，要忍下自己炫耀的欲望，去照顾别人的感受，是一件非常无私的事情，也是体现情商的事。一个真正强大的人，不再需要炫耀，因为他们不需要这些。而一个优雅的女人必须有自信，所以她们同样不需要炫耀。在言语中经常表现出"胜利"的喜悦，会大大降低我们的气质，非常缺乏意义。

在每个人内心世界的舞台上，他们都是中心。所以当我们取得一些成就的时候，就不能只是想炫耀别人，通过和别人比较从而获得一种优越感，这是一种非常过分的挑衅行为——你在挑战别人，想在别人的世界当中当主角，这多么容易引发反感！然而，这种炫耀的渴盼，又是从小就存在的东西。一个人的成长，恰恰表现在自我克制的能力上，当我们可以逐步克服毫无用处的炫耀，不再从这种幼稚的行为获得优越感，就能真正成为一个具备修养的人。

喜欢在言语中表现炫耀，会让人产生种种负面观感，所以我们更不应该去炫耀自己。

1. 炫耀自己，可能说明你没有气质

在与他人沟通的过程中，我们必须更深入地思考。不要不自觉地暴露我们的骄傲和炫耀，用谦卑的态度对待世界。在现代职场中，过度的谦逊和低调不再是永恒的主题。我们也提倡展示我们的力量和自信。然而，这并不意味着炫耀是一种好的行为。无论从任何角度来看，什么样背景下产生的炫耀，都是缺乏气质内涵的表现。

2. 不炫耀自己，而是学会赞美别人

不要炫耀自己，学会赞美别人。赞美之语在交流中产生的影

响力是不可思议的，从内心肯定他人的良好一面，你可以迅速缩短你与别人的距离，给人一种"找到颜知己"的感觉。当然，这种赞美并非毫无根据。我们必须看到人们真正做得好的地方，并且发自内心地赞美。对于那些喜欢炫耀自己的人来说，这样的赞美可能是最难的，因为他们认识到，其他人已经足够好，甚至可以让自己不再炫耀，而是赞美别人。当然，要做到这些，你也要把这些赞美的话传达给对方，否则别人不会知道你的这种"欣赏"。

正是因为它很难做到，所以赞美别人，赞美竞争对手，才是真正的有气质。

3. 给别人一个"炫耀"的机会

在对话中，如果有多个角色，我们应该学会分清谁是主角。一个人"会说话"的最佳表现是能够巧妙地调节气氛，在聊天过程中不仅把握大的方向，更能照顾到其他被忽视的角色，给他们更多的机会说话，保持整个谈话的和谐。

所以，不炫耀自己，你可以给别人一个说话、表达自己的机会，或者在别人炫耀自身的时候，给予适当的尊重和倾听。相信我，这会让他们感到非常满足。

当你能做到这一点的时候，距离一个"言"值高的气质女性之间的距离就并不遥远了。

不是所有的场合都适合侃侃而谈

在大多数人的意识当中，"社交障碍症"这个洋气新鲜的词汇，是只有性格内向、举止过于内敛的人才会面临的困扰，然而实际上并非如此。我们总在羡慕那些能够在公众场合侃侃而谈、吸引他人目光的人，总认为那样举止外放的人才能轻易成为焦点，而且成为焦点，才是一种交际能力强的体现，这就是一种过于片面的认知了。

要知道，焦点只能有一个，如果人人都想成为焦点从而去拼命展现自己，那么谁又去扮演倾听者呢？所以一个社交场合当中收放自如、进退有度的人才是最受欢迎的。他知道什么时候该进一步，去展现自己、吸引目光，也知道什么时候该退一步，给别人留发言的机会。只有进退有度的人，才真正能够在社交领域游刃有余。

想要达成这个目标，少不了要提高一下我们的说话技巧。不管是遇到陌生人，还是熟悉的同事朋友，该说话的时候千万不要坚持低调，不然一不小心就成了朋友圈里的透明人。该张口与别人交流的时候，千万不要放过这样的机会，因为你会发现每个人都有交流的欲望，话筒递到你手里的机会很少，抓住了就不要放过。

一个人的魅力与在人群当中的存在感，就是在这种适当的交流当中不断提升的。不过你也得注意到过于健谈，可并不是与有魅力画上了等号，一个总是在喋喋不休、时刻侃侃而谈的人，往往会因为自己不分场合的健谈，而招来别人的反感。

我们的日常聊天就像是一个小的舞台，当话题转移到了你身上，你有了发言权时，就相当于掌握了这个舞台唯一的话筒。话筒只有一个，如果总有跃跃欲试者想要争抢，其他人就会感到紧张不适，如果总有人有说不完的话，一直将话筒攥在自己的手里，这场交流就会变成单方面的演讲。别人的存在感都让你抢走了，话也都让你说了，他们还有什么兴趣去交流呢？而过度的侃侃而谈，就意味着十之八九言之无物，除非你总有好的信息去传达，否则还是精简一下自己的话比较好。

关于"侃侃而谈"的话题，让我想起遇到过的一个职场新人。这个姑娘姑且称其为 M 小姐，在我认识她时，M 小姐刚刚进入公司的市场宣传部，恰好参与到一个大型活动的宣传中去。

M 小姐被录取入宣传部不是没有原因的，她最大的优点就是能说会道，而且敢想敢说。有些新人因为资历不够所以缺乏"开口"的自信，即便自己看出了问题或者有更好的建议，也很少表达出来，但是 M 小姐不一样，她很愿意表达自己，不管参与了什么项目，都愿意将自己的想法和建议提出来。她也的确提出了不少有创意的点子，而且这种活跃的表现让她一下子区别于其他新人，在上司面前留下了深刻的印象。

这种脱颖而出，让 M 小姐在发言这件事上更加热衷。然而她最大的缺点也是太敢说了，不管什么场合，只要她有了想法要表达，就一定能找到机会站出来侃侃而谈一番。这在一些情况下就显得不那么合适。

比如当她跟其他同事一起面见客户时，在跟客户的交流中 M 小姐就忍不住又抢占了话语的优先权，很快跟客户热络地聊了起来。这就让身边的老同事有些不高兴，因为 M 小姐所说的内容，她的同事一样很清楚，甚至还是这些前辈刚刚教给她的。而她在客户面前卖弄自己的时候，却忘记了给同事留一点表达的空间。这就常常出现 M 小姐说完了话，意犹未尽，而身边的伙伴已经无话可说的窘况。虽然 M 小姐在客户面前留下了好印象，但是身为新人她的工作经验并不足，所以大多数工作还是要仰赖前辈的提携，这就造成了一个很尴尬的局面——谁跟 M 小姐一起合作，谁就要成为她背后默默干活的男人 / 女人。

一来二去，谁也不愿意跟 M 小姐合作了，她这种不分场合地侃侃而谈，看似突显了自己，打压了别人，却也让自己的身边成为真空地带。后来当我再听到她的消息时，就是得知她已经跳槽了，而跳槽的原因人尽皆知，是因为公司的同事都不愿意再与她继续合作。

这不是木秀于林而遭人嫉妒，而是实力不足却还时刻抢占焦点，自然会引起别人的不忿。很多时候我们面临的境况就是这样，总是抢占话语权，并不能够显示我们的地位足够重要，反而会让人觉得你的性格太过聒噪或者八卦。所以，不管是外向型还是内向型的性格，在表达自己时，都应该掌握好一个度，讲话时，先传达出最重要的信息，再根据情况来决定是否继续说下去。不要总是滔滔不绝，也给别人一个发言的机会，这种有来有往的交谈才能更好地散发自己的魅力。

也许你会觉得这很麻烦，在社交场合里说太多不行，说太少也不行，难道好好说话就这么艰难吗？没错，就是因为太多人不够重视讲话的重要性。所以才会出现口无遮拦的情况，甚至因此而导致祸从口出。所以，重视从你口中说出的每一句话，把它当作"呈堂证供"去琢磨、优化，你才能培养出一个良好的说话习惯。

对于此，我有一些好的建议提供给大家：

1. 要有收放自如的表现欲。

即使是同事间的聚会，在轻松的氛围下，也尽量不要只顾自己说话，不顾他人感受。高谈阔论容易给人强势、固执的印象，太过自信、太强的表现欲也容易成为自负，反而使个人魅力大打折扣。即便是在需要表现自己的场合，我们也要做到有的放矢，成为一个既能收也能放、讲话进退得宜的女人。这能给你的魅力

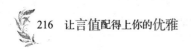

成倍加分，让你成为一个更有人气的优秀女性。

2. 适度"矜持"更能展现魅力。

女生喜欢聊天是天性所为，通过交谈可以令我们放松及解压。但是职场中，喋喋不休却是大忌。不要因为感兴趣而随意加入他人的话题，因为我们并不知道，他们的谈话目的是什么。拿出我们的一点小骄傲，不要做一个家长里短的"马大姐"。

3. 分清场合与对象，再侃侃而谈。

不只是职场女性，所有职场中人都要有这个意识，也就是做到俗话说的"有眼神儿"。偶尔一次发表自己的见解与看法，会让人惊艳。但每一次会议、每一个宴会，甚至是商务会晤，与领导谈话时都抓紧"机会"表现自己，可就真的是太傻了。

4. 侃侃而谈也要言之有物。

如果想通过交谈提升自己的魅力，谈话的内容与质量也非常重要。与人交流，全都是泛泛之词，谈论工作时空有其表、言之无物，总会给人"不靠谱"的印象。"打肿脸充胖子"这样的情况并不鲜见。不在自己不熟悉的领域擅自发表言论，既是对知识的尊重，也是个人涵养的体现。不如等待时机，遇到自己擅长的领域，发表自己的心得，更能令人信服，也能更好地展示自己。

第七章

委婉地拒绝
是一门艺术

学会不伤面子地拒绝

　　学会拒绝是社会生存法则中非常重要的一个内容，尤其体现在我们与同事的相处过程中。毕竟，职场这样错综复杂的环境，让我们更容易被面子所累，所以大多数说不出口的"不"都发生在这些地方。

　　面对你的上司时，拒绝的话可能不那么容易说出口，而且贸然地拒绝他们很容易留下不好的印象，给自己的工作带来麻烦；而面对你的下属时，职场的天然阶级会让你更习惯于发号施令，拒绝的话很容易说出口——更何况，一般情况下你的下属都不会提出让你感到十分为难的要求。

　　所以，最难也是最必要的技巧，就是面对同事时该如何说"不"。我们总想营造一团和谐的办公室效果，想维持和同事既有竞争又友善的关系，所以往往不愿意打破良好氛围，也就不爱说拒绝的话。但这样有求必应的老好人，在办公室中往往不是最受欢迎的，而是最受欺负的。只有善于对同事说"不"，不当职场上的受气包，我们才能够塑造一个自尊自立而又有原则的女性形象。

我的朋友小梦就是一个职场上的典型受气包，在她们公司小梦也算是赫赫有名的人物，但她的名气并不是来源于能力，也不是来源于后台，更不是来源于八卦流言，而是"有求必应"四个字。可以说，不管你有什么事情，只要去找小梦帮忙，只要她能做到的都会替你做到，就算做不到她也要努力试一试。这样一个人，在同事心中的评价自然是不错的，但对小梦来说，这样活着却非常累。

每天她都要面临不同人提出的各种请求，小到帮别人取快递，大到帮同事完成一个项目，每天总有无数的人去打扰她的正常工作，让她帮自己做事。而小梦一向腼腆不会拒绝别人，即便为难，在别人的几句劝说和恳求之下也都答应了，这就让她平白多出了几倍的工作。被其他人的事占了精力，小梦不仅非常累，而且常常完成不了自己的工作，在上司眼中的评价并不高。

小梦一开始还不觉得有什么问题，直到有一次她收到了一个不熟同事的请求。

这个同事是隔壁科室的，平时与小梦甚少往来，甚至只知道彼此的名字。按理说她不应该来找小梦帮忙，可事实恰恰相反，她不仅来找，态度还非常不客气，上来没说两句话就对小梦说："你帮我做一下，×××的表格呗，一点儿都不难，不会耗费你很多时间的。"

　　小梦被这个理所应当的语气震惊了，她仔细想想，既然不难、不耗费时间，为什么对方自己不能做呢？尤其这是对方的本职工作，而自己并不怎么熟悉。于是小梦狠狠心拒绝了对方，这一次，即便对方怎么恳求小梦也没有答应，没想到第二天在来上班的时候，小梦看到对方竟然冲自己翻了个白眼，见面也不打招呼了。

　　不过是拒绝了一次过分的请求，对方竟然把她恨到了心里，这让小梦很委屈，难道自己过去都做错了吗？

　　像小梦这样的情况，是不是非常熟悉呢？很多在办公室不善于拒绝他人的人，最后往往都会莫名其妙地树立许多敌人，事实上我们并没有做错什么，不过是因为拒绝了几次不合理的请求，就让对方觉得不近人情了。然而这些请求他们是绝不会对别人说的，之所以会理所应当地觉得我们会提供帮助，不过是得寸进尺罢了。

　　所以我们一定要让别人知道自己的原则，帮助他人可以，但绝不能无原则地点头答应，只有在有原则的基础上工作，我们才能获得别人的尊重，才不会出现像小米这样的情况。学会对别人说"不"，才能摆脱当职场受气包的危险。

1. 要在心里对自己的原则有明确的认识，明白什么样的事是我们的底线。

　　面对底线，我们必须做到一步不让，因为当你犹豫的时候，就意味着你将永远失去自己的原则。可以给自己设立几个条目，比如"工作时间不帮助他人""不帮他人完成任务，只进行指导""生活上的私事除非必要不插手"等，从一开始就告诉别人，这样他们就不会提出让你为难的要求了。

2. 不要怕说不好听的话。

事实上，不好听的话要说在前面，越早说了，对方才越不会介意。一次严肃的拒绝只会让他们稍稍别扭一阵子，但你的底线就会清晰地传达给对方，如果你一开始每次都答应对方，偶尔拒绝一次反而会让他们觉得你是在故意为难，产生的后果可能比一开始就拒绝更加严重。

3. 拒绝的时候要注意礼貌，言语客气一些。

这样不仅可以让你更顺畅地将拒绝的话说出口，也可以让对方更好地接受。不要直接对他们说"不可以""不行"，而是要先解释一下自己的原因，为什么不能帮助他们，然后对对方表示歉意。如果你的确想帮助他们，也最好不要帮到底，而是要适当在某些范围内提供帮助，这样才不会让对方产生你是"老好人"的印象。

可以说，学会拒绝比学会表现更重要，不管是在你人生中的哪一个阶段，亦或哪一个场景，学会拒绝比接受更难，但是给我们带来的影响也更深。一个懂得拒绝艺术的人，能够不着痕迹地扫清生活中不必要的麻烦，给自己减少那些不必要的负担，他们面临的困扰更少，得到的快乐更多，这才是一种不可忽略的生活艺术。

拒绝要明白，吞吞吐吐要不得

学会拒绝别人很重要，有时候拒绝是容不得拖延的，一定要清清楚楚，千万不能吞吞吐吐。

什么时候我们需要清楚明白地拒绝别人，甚至连对方的面子问题都可以先放到一旁呢？很简单，当你拒绝的这件事本身对对方来说非常重要的时候，你就更应该明确地拒绝对方。因为假若你吞吞吐吐，态度模糊不清，很容易给对方一个错误的暗示，让他们做出错误判断。因为这件事对他们很重要，所以若是因为你的态度让他们判断错，从而产生损失，那就太严重了。

在这种情况下，不管是对你而言，还是对对方来说，面子都是小事，实实在在地得到一个确认的答复，才是最重要的。千万不要因为其他的因素就影响你拒绝的态度，如果不能答应，你一定要用明确的态度拒绝对方，才是对方最好的回应。

我的一个朋友之前就跟自己的供货商闹翻了。他们曾经是多年的合作伙伴，彼此之间除了商场上的情谊之外，更有一些私人的友谊在里面。但就是因为这份情意，让对方在该拒绝的时候始终吞吞吐吐，不说清楚，所以耽误了朋友的生意，最终完全影响了他们的关系。

当时朋友正需要加大自己的经营规模，所以进货量大幅上升。在上升前，他多次询问自己的供货商，能否提供自己所需的足够的材料。每一次，供货商都没有给朋友一个准信，而是模棱两可地说："只要能给，一定都给你！"或者是"已经尽力加大产能了，应该可以交货时提供足够的材料。"

因为拿不到准信，朋友只好一遍又一遍地追问，最后快到临期了，供货商才实在绷不住了，只好无奈说出了实话——他们根本没有这样的产能，能够把朋友所需的材料都准备好。

如果是别的合作者还好说，供货商一般就会直接告诉对方，自己做不到。但就是因为朋友和他之间有了很多年的交情，所以在朋友需要的时候，他才不好意思拒绝。这样一来二去，拖着拖着就快到期了，最终还是耽误了朋友的事。

供货商不愿意说出拒绝的话，是为了维护和朋友之间的关系，但他没有想到就是因为他没有明确拒绝，才给朋友带来了巨大的损失。朋友说："我本来想，如果他做不到的话，我就去找别人合作，两边都提供材料，一样能把足量的原材料备齐，也不影响我们之间的合作。没想到他一直拖着不肯给我一个准信，又总是暗示我，说不定能做到，所以我就没好意思去找别人，现在就算是去找也来不及了。"

这种不拒绝对方也不明确答应的处理办法，不管是对供货商来说，还是对我的朋友而言，都不是令人愉快的。可他偏偏因为面子问题选择了不直接拒绝，而是吞吞吐吐，不把话说清楚，造成这样的结果，也只能全都怪他了。

可见，拒绝别人不干脆，就很容易带来隐患。有时候因为你不干脆的拒绝，很容易给别人带来错误的暗示和希望，最终导致他们做出错误的决定，给对方带来损失；有时其实损失未必是你带来的，但因为你不干脆的拒绝，给别人留下了借口和话柄，他们就可以借此发挥，将责任推到你的身上。不管是前者还是后者，都不能怨怪别人，只能怪自己在拒绝的时候态度不明确，所以才给自己招来了麻烦。

一个会说话的女人应该清楚，把话说明白才是最可贵的，因为把话说明白，就不会浪费别人的时间和精力，即便此时看起来有一些不近人情，但不会影响到根本的关系。如果你不把该拒绝的话说出口，反而吞吞吐吐拖延起来，造成的结果可能就会更加严重，因为你还浪费了别人的时间成本。

把话说清楚，把拒绝说得明白些，对你对别人都有好处。

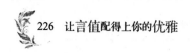

1. 拒绝的意思一定要传达明白，不要模棱两可

我们可以通过委婉的方式去拒绝别人，可以不直说"不"，但这个前提是一定要将自己拒绝的态度传达得非常明白。任何话术技巧都是为了你传达的消息而服务的，如果你的委婉已经让你无法清晰地将自己的意思传达给别人，那这种委婉就是不成功的，是不必要的。哪怕冒着得罪别人的风险，也一定要保证先将话说清楚明白。任何多余的修饰都要基于这个基础，如果你的委婉已经让你无法将自己的意思传达明白了，不妨就有话直说，先让对方知道你的想法是最重要的。

总之，在该明确拒绝的时候，一定要避免下面这些模棱两可的回答方式：

"过两天我会考虑你说的事情。"

"也许可以做到，现在我也不确定。"

"我这两天挺忙的，可以过两天答复你吗？"

"要做成这件事，难度挺大的。"

……

2. 拒绝的态度一定要坚定，不要左右摇摆

有些人在拒绝时，其实自己的立场都没有摆正，虽然心里明白，拒绝对方是最好的选择，但是因为种种原因，舍不得拒绝对方——

也许是舍不得对方带来的好处，也许是不愿意伤害对方的感情，总之种种原因导致内心左右摇摆，犹犹豫豫。这种犹豫体现在拒绝的态度上，让你变得吞吞吐吐，即使有话也说不清楚。如果真的如此，建议你还是要坚定自己的内心，该拒绝一定要说出口，不要左右摇摆。

3. 明白轻重缓急，不要一味为了面子而吞吞吐吐

很多人之所以不把自己的拒绝明确说出口，是因为太过看重面子了。他们觉得自己还在为别人着想，担心别人被拒绝了之后，面子上挂不住，所以才一直不把拒绝的话说清楚。殊不知，这种看似为别人着想的态度，才容易耽误别人的事情，因为你压根没有分清这件事的本质重点，也没搞清楚轻重缓急。

如果是一件无关痛痒的小事，维护别人的面子比这件事本身要重要得多，你当然可以通过吞吞吐吐不明确答复的方式，来让对方主动意识到你的拒绝并不伤面子地放弃。但如果这件事造成的影响比面子要重要得多，而且非常紧急，需要立刻做出决断，你就不应该吞吞吐吐，而是要直接明确地将自己的态度表达出来。

做一件事，我们总要明白轻重缓急，知道什么更重要，有些时候抛弃掉你模棱两可的态度，直接拒绝对方，他们说不定还会感激你。

用聪明的办法拒绝无理要求

拒绝别人是一门功课，对于想要在交际中获得别人认可的女性来说，学会拒绝别人，可能更需要勇气。

女人总是一种比较心软的动物，相对于男性而言，她们更不容易拒绝。在别人的请求面前，不管自己能不能做到，或者愿不愿意去做，她们几乎都是照单全收的，相比于拒绝别人的麻烦而言，根本不算什么。

这种女人其实就是本末倒置了。我们之所以要成为人群当中受欢迎的那一个，之所以要塑造良好的交际关系，就是为了让自己在做事时可以更加方便，更能够获得别人的认可和宽容，有一个更加轻松的交际环境。如果你也不想要得罪别人，就给自己平白带来了无数麻烦，就是没有弄清楚交际的本质。

帮助别人当然是好的，谁也不能说乐于助人是一件坏事，但是面对别人的无理要求时，就应该学会果断拒绝。对待那些自己做不到的，或者没有道理的要求，拒绝并不是一种错误，也不用担心会得罪别人。因为对方也应该知道他们的要求是不合理的，所以被你拒绝之后就不会生出太大反感，反而还会觉得用这样的事情来麻烦你，实在是非常不好意思。同样，当你拒绝了那些你认为不合理的请求之后，就能够给别人留下一个原则印象，让别人知道什么样的事是可以请求帮助的，什么样的事是你爱莫能助的。这就不会让你成为人群当中那个忙于帮助别人的老好人，不会成为那一个因为不会拒绝别人而失去原则的存在。

佩佩一直是我们当中的老好人，就是因为她总是对别人的请求来者不拒，不管自己能不能做到，或者自己愿不愿意做。比如前两天周末的时候，老板本来安排了她的同事加班，但是同事因为跟男朋友有约，就拜托佩佩说："佩佩，你能不能帮我做一下这些？老板让我加班的这个事，客户已经催了我好几回，但是我这周末实在是没有时间。我男朋友难得有休息的时候，我们平时也没机会见面，所以你能不能帮帮我，求求你了，我请你吃饭！"

看着同事哀求的眼光，佩佩本来想要拒绝的话就在嘴边转了半天，也没有说出口。其实她也想要在周末的时候和自己的男朋友出去玩，两个人本来计划得兴致勃勃，男朋友甚至连电影票都买好了。可是这样一来，要帮别人加班，她就只能改变自己的行程了。

佩佩也很苦恼，她其实并不想接受别人的这种请求，但是习惯了答应别人的她总是不好意思拒绝，所以在思考如何拒绝的时候，这些人就以为她已经默认答应——这就让她拒绝的话更难说出口了。时间久了，只要是那些嘴甜的人拜托两次，佩佩也就总是为难地点头。

而那些一直拜托佩佩的人，未必不知道，她并不想帮助他们，但是他们出于自私的想法，并没有考虑到佩佩的难处。而且因为这种情况出现的次数太多，他们原本会有的愧疚也越来越少了。

现在佩佩经常会收到别人的不合理请求，但她不仅不好拒绝，还一定要给对方做好，要是做不好，别人还会抱怨呢！面对这样的情况，佩佩真不知道如何是好了。

佩佩的困境说起来不能怨那些得寸进尺的人，只能怨自己，因为正是因为佩佩的不加拒绝，才助长了那些人的勇气，让他们敢于将这些不合理的请求交托到佩佩这里。要是佩佩一开始就拒绝了这些违背自己做事原则的事情，也许当时会让别人觉得不舒服，但之后就不会再有人拿这些不合理的事来要求她了，她的生活更不会受到这些问题的困扰。

所以面对别人的不合理请求，应该采用聪明的办法去拒绝，而不是一味去答应。有些女人很在乎交际之间的关系，觉得直接拒绝并不是一个最好的处理办法很容易影响和别人之后的关系。所以为了不得罪别人，我们可以在拒绝时注意几个地方：

1. 拒绝别人之前，应该先认真倾听别人的请求

哪怕你听了几个字之后，就明白了对方的意思，并且要明确表达出自己的拒绝，也请耐心等他们说完说清楚。因为如果你听了几个字之后就说"不"，虽然在你看来是不浪费时间的表现，但对别人来说就是相当不礼貌的反应。他们会觉得你还没有认真听过他们的请求，就要拒绝了，可见从一开始就没有认真想帮他们。这样一来，他的内心就容易生出被敷衍对待的愤怒感。

当我们先倾听对方的想法，认真去考虑对方的请求后，再表现出拒绝，就足以显示我们对他们请求的重视了。在这种情况下的拒绝，不容易引起对方的反感，还容易让他们继续保有请求别人的不好意思。

倾听对方的请求，首先就能让对方产生被尊重的感觉。在感受到尊重之后，他们就能体会到你对请求的重视，也能体会到你的真诚之心，这样一来，就算你拒绝了对方，他们也明白你的难处，不仅不会影响彼此的关系，还会让别人觉得你是一个非常实在的人。

2. 拒绝那些不合理的请求，也应该委婉一些

有些人因为对方的请求不合理，常常会生出恼怒的感觉，因此在拒绝时的态度也不是特别的委婉。严格来说，这种反应是无

可厚非的，因为如果对方已经用不合理的问题来打扰你，说明他们做事缺乏分寸，所以你生出愤怒之感也是情有可原的。但如果你用愤怒的态度影响了自己的语气，就相当于让自己也变成了不会交际、不会说话的人了。所以不管你对对方的请求是什么心理都应该委婉一些，用比较温和的方式去拒绝他们。情绪化的过度反应会影响别人，也激发对方的负面态度，这样就变成了彼此伤害，实在是有些没有必要。

3. 可以从对方的角度出发，说明自己为什么拒绝

"我拒绝你也是为了你考虑"这样的态度虽然有些讨巧卖乖之嫌，但是如果能说得有理有据，未尝不是一种好的方式，不仅能在拒绝别人的同时给他们留面子，也能体现出你对对方的关切，即便拒绝了他人，一样可以维护好你们之间的关系。比如，如果对方要求你在一个短暂的期限内，完成大量工作，你就可以说"我拒绝接受这种要求，因为我肯定办不到。与其等到任务到期的时候才告诉你，我办不到，不如现在就告诉你，这样能够避免很多问题"，而这种态度不仅不容易激怒别人，还会让人觉得你有理有据，是在认真思考之后的回应。

4. 虽然拒绝了别人，但不妨碍你对他们表达关心

如果你拒绝了对方的请求，不用立刻显得漠不关心，而是可

以给他们提出一些你的建议，帮助他们想别的办法解决这个问题。这样一来，虽然你拒绝了他们，也不至于因此产生什么负担，因为你从另一个角度也帮助了他们，同时对方也不容易因为你的拒绝而产生不满。

　　拒绝别人是一门艺术，你要明白一个原则，就是不管用什么方式，以什么态度拒绝别人，都应该让他们感受到你的真诚和善意。只要能做到这一点，即便是说出了拒绝的话，也不会影响到你和别人之间的关系。

拒绝他人，可以来点幽默感

拒绝别人的话往往很难说出口，因为当我们拒绝他人时，就拒绝了一份殷切的期待，这往往会让我们产生一种愧疚感。如果能够做到的话，谁不愿意成为人人喜爱的圣诞老人，去满足别人的愿望，让别人感到快乐呢？可是现实告诉我们，谁也不是超人，不能够达成别人所有的愿望，所以拒绝就成了势在必行的一件事，任何人都应该学会拒绝。

它可能会让你感觉到为难，可能会让你觉得不适，甚至容易让你莫名其妙就产生负罪感，但不管怎样，你都应该勇敢地去说出拒绝的话，而不是成为一个来者不拒的人。如果你不会拒绝别人，也许在交际上会少一些烦恼，但是在生活中必然会给自己增添更多不必要的麻烦。

如果你总是觉得拒绝的话太过冷冰冰，说出口容易伤害别人，并因此而产生负罪感的话，那不如将拒绝和幽默感结合在一起，通过幽默的方式拒绝他人。这样化重为轻的表现方法，不仅可以让你更好地说出拒绝的话，也能让对方体会到你的无奈之处，不容易因此而生出不满。

从另一个角度上说，如果一个人会因为请求遭到了你的拒绝就产生不满，那这样情商低下、不懂做人道理的人，也不必与他们来往了。任何一个懂得换位思考、理解别人难处的人都应该明白，人生当中必然会面临别人的拒绝，也一定会拒绝别人，所以更应该用客观的态度去看待这个问题。

如果你需要无奈地拒绝对方，不好意思直接说的话，采用幽默的方式拒绝，不失为一种好的解决办法。

我曾经听说过这样一件事，我国知名某书法大家，曾经有一段时间备受来访者的困扰。喜欢他、想要向他求学求教的人实在是太多了，导致这位先生平时的生活也被打乱，甚至无奈地感慨说："我倒是变成了动物园里让人参观的熊猫了。"

当然，这位先生也理解大家求学的急迫心情，因此只要是合理的请求和探访，他总是能满足的就尽量满足，实在没有办法了，也只能无奈拒绝。

比如有一次，他生了病，实在是无法接待别人，又怕别人来了之后失望而归，就写了一张字条贴在门前，上面写着：

"熊猫病了，谢绝参观，如敲门窗，罚款一元。"

通过幽默的调侃方式，老先生既说明了自己不接待来访的原因，也表达了自己的无奈之处，让别人不仅不好意思怪他，还会产生不好意思上门的感觉。

这就是一种文字的掌控能力，先生能够通过幽默的方式，将本来不好说出口的拒绝说得非常体面，既给自己留下了余地，又能够让来访者产生理解，不失为一种智慧。

身为名人，必然会有名人的负担和不便之处，所以这位书法大家也只能通过幽默的方式，更加委婉地去表达自己的拒绝态度。我们也许不用像他这样小心谨慎，但在某些时候，如果你觉得自己拒绝的话不好意思说出口，就可以采取他的办法，用幽默的态度将不好说的话说出来。

在很多情况下，我们都需要掌握幽默的拒绝分寸：

1. 当拒绝别人的求爱时，可能需要幽默一些

如果一个女孩能够用幽默的态度拒绝异性的求爱，不仅能够保全双方的面子，不会让自己的拒绝给对方带来极大的挫败感，也能传达出自己明确的意思。更重要的是幽默的方式，拒绝他人，往往比较委婉，但又不失智慧，更能够体现你的为人和修养，不会造成不好的影响。

我的一位女友曾经在生日时收到过一份十分贵重的礼物，这份礼物就来源于她的一位求爱者。所以面对这份礼物也非常犹豫——如果收下了贵重的礼物，未免显得不太合适，但若是直接

退回的话，就让人觉得不近人情了。

　　思来想去，女友在里面贴了一张纸条，将礼物退了回去，纸条上说：

　　"礼物有价，我们的友情无价。我已经收到了这份无价之宝，就不必锦上添花了。"

　　女友的这句话就让我觉得非常巧妙，听起来很有趣，但也明确传达了自己的意思：她不愿意收下对方过于贵重的礼物，也只想和对方保持友谊的关系。

　　果然是被追求者收到退回的礼物之后，就明白了女友的态度，之后再也没有什么过分的表示，但是也没有因此影响他们之间的关系。

2. 对待自己不能办到的事可以用幽默的态度拒绝

　　有些事我们实在是心有余而力不足，虽然想要答应对方，但奈何自己办不到，所以就不能随便打包票，在这种情况下，你就可以通过幽默的态度拒绝，或者是采用自嘲的方法，让对方知道，我们虽然想做，但实在是力所不及，只能抱歉了。

　　尤其是在对待别人不合理的请求时，更应该用幽默的态度去对待，最好是让对方自己领会到这其中的不合理之处，他们就不好意思再请求你帮助了。

3. 对不想接受的事可以用幽默拒绝

但是都应该讲求一定的原则，只有符合我们的原则才应该去办，有些事情你不想做，那就拒绝好了，如果担心自己会产生什么负担感，可以通过幽默的方式婉转拒绝，但一定不要答应，这是原则问题。

如果你习惯于强迫自己接受那些不合理的要求，习惯于去做自己不想做的事情，也许别人会感到轻松，但就给你自己带来了很多不必要的麻烦，所以该说"不"的时候一定要说，别有什么心理压力。当然，如果你觉得直接的拒绝不够灵活，太过生硬，那就注意拒绝的方式方法，通过幽默的方式来拒绝，在说话时更有趣味性一些，可以淡化你拒绝时的严肃与负面影响。

把握和异性的关系，也需要学会拒绝

有句俗语叫"男女搭配，干活不累"，虽然道理多少很难界定，但至少说明了一点——不管到哪里，都需要与异性共事、交往。

此时就需要我们把握好分寸，既不过分暧昧，又不疏离冷淡。有些女性因为谨慎，想避免"职场性骚扰"或影响工作的桃色绯闻，就直接选择对一切异性说"不"，将其拒于千里之外，恨不得见到男性就横眉冷对，这样显然会让人觉得古怪；还有的女性就过于豪放了，在和男性的交往过程中没有注意到分寸，经常给对方或其他人一种错误暗示，也会给自己带来麻烦。

所以，把握分寸十分重要。当然，这不仅是女性需要做的，男性也同样如此，做到尊重、亲切而不过分亲密，是异性在交往过程中需要重视的。要把握好和异性的关系，有些时候就得学会恰到好处地拒绝，既能够让彼此在拒绝之后保持较好的关系，不伤别人面子，又不会给对方什么积极暗示，让对方继续下去，这

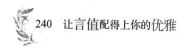

就是一种女性的智慧体现了。

　　朋友小静在刚进入职场的时候，就不太会拒绝异性的殷勤，这甚至让她吃了不少亏，才意识到这其中的重要性。

　　小静一开始是做宣传的，因为自己的业务能力比较强，能干又长得漂亮，所以经常受到别人的关注，连上司和部门经理都对她颇为照顾。

　　小静并没有觉得这其中有什么问题，直到有一次，她因为被派出差和部门经理有了一定接触，回来后经理就对她特别殷勤起来。

　　这种殷勤已经让小静感到有些不安了，经理不仅在工作上给她大开方便之门，承诺只要有小静需要的，他随时都可以提供帮助；在下班时间，也多次邀请小静一起出去吃饭或者看电影。一开始小静以为经理是在开玩笑，只是客气一下，表达对自己这个下属的看重，所以虽然有些激动，但并没有想过去获得经理的帮助。她甚至以为经理叫自己出去吃饭，是部门聚餐，所以毫不犹豫地答应了。

　　到了地方之后，小静才发现，只有自己与经理两个人，气氛瞬间变得有些尴尬。小静回头想了想，才发现经理的暗示并不同寻常，可能是有想追自己的意思。

　　这让小静有些为难。因为经理和自己的关系不一样，虽然她想要拒绝对方，但是这话却不能直白地说出口，如何才能做到清楚明白拒绝经理，又不至于遭到他失望之下的报复呢？

　　小静实在是难以面对这个问题，于是她选择了逃避。每次经理邀请她出去玩的时候，小静都会推辞几次，可是很快就因为经理的诚恳和多次请求而动摇了。她不敢直接拒绝经理，只好一次次答应对方的邀请，但心里并没有想接受他的追求。

　　时间久了，小静和经理还没有做什么，背后就有些人开始怀疑他们之间的关系。这让小静紧张起来，她决定再也不能逃避这件事，一定要跟经理说清楚。

　　可是在这种情况下，当小静再跟经理坦承相对，就已经有些晚了。经理心里非常不悦：既然一开始就对我没有什么意思，为什么从来都不拒绝也不暗示我呢？

　　他不明白小静的难处，小静也不懂经理的想法，这下就真的不欢而散了。

　　对小静而言，这种男女之间分寸的把握本来就不容易，又增添了上司与下属这一层关系，更是让她困扰不已。其实要我说，其中有一部分责任当然在经理身上，但更多的是小静的不敢拒绝造成最后的结果。在职场当中也好，在日常交往中也罢，总有一些女性对男士的殷勤不好意思拒绝，既有一丝小小的虚荣，想要享受这种殷勤，又担心直接拒绝之后会伤害别人，甚至导致他们对自己的厌恶，所以总是迟迟不敢说"不"。但是她们没有想过，这种事情，越拖只会越麻烦，因为不对别人进行明确的拒绝，就是给了他们一个继续的暗示。在异性交往上，这是绝对不可取的。

你可以拒绝得委婉一些，给对方留面子，但一定要记住，该拒绝的时候不要拖沓，只有这样才能最大限度地挽回你们之间的关系，不至于造成不好的后果。大多数时候坦诚相告，委婉拒绝对方，并不会造成什么不良后果，反而能避免拖拖拉拉的暧昧，让对方对彼此的关系有错误的认识。

拒绝异性，可以注意的地方有不少：

1. 一定要明确你的立场

明确你在这段关系当中的立场，可以帮助你对接下来的行为做出明确的判断。如果你明确意识到自己不喜欢对方，那为什么还要再继续暧昧下去，让形势愈演愈烈呢？找准自己的立场，做出明确的选择和判断，是你接下来行为的基础。

若是不想与对方继续密切下去，拒绝就势在必行。

2. 对异性的拒绝也要以委婉为主

一个人愿意喜欢你，本身就是一件很好的事情，所以我们在拒绝对方的时候，不管是考虑彼此的关系，还是考虑到这份喜欢，都应该委婉一些，态度不要过于直白或者是恶劣。

你可以通过各种委婉的方式暗示你对他并没有其他的意思，比如当对方邀请你去吃饭，或者送你礼物时，你可以拒绝他的邀请和礼物，与对方在行为和语言上划清界限，不涉及任何暧昧的内容。当你一直以朋友的状态与他相处时，对方就会意识到，你应该对他没有继续发展的意思，这种委婉的暗示就能够让他们主动打退堂鼓，不至于让你陷入进退两难的尴尬境地。

3. 尽量避免和你要拒绝的异性单独相处

当你决定拒绝对方的时候，尽量不要和他们单独相处，因为单独相处很容易拉近两个人的距离，让对方以为他有了接近你的机会。这样时间越久，对方就越容易产生好感，万一激发了他对你的追求心，岂不是更加难以解决。

所以对那些想要拒绝并且已经有了追求自己苗头的异性，尽量远离，或者避免与对方单独接触，是最好的解决办法。

4. 拒绝对方也可以利用一些善意的谎言

你可以告诉他们，你已经有了心仪的对象，而对方并不是这个人，这样一来，他们就能迎难而退。这种善意的谎言既能够保证你们之间的关系不被破坏，又能让对方不受伤害，很委婉地拒绝对方，是比较妥帖的办法。

5. 对待不懂暗示穷追不舍的异性，可以直截了当地拒绝

总有一些男生听不懂暗示，或者是故意忽略了你的拒绝信号，

想要以锲而不舍的精神打动你。然而事实上，他们不知道这种行为对那些毫无意思的女生而言，只是一种困扰。为了避免这种困扰继续加深，你可以直截了当地告诉对方，你们只可能做朋友。虽然这样的话有些伤面子，但是早些说清楚，也能避免之后造成更大的问题，也算是一种及时止损的方式。

拒绝异性其实并不难，难的是下定决心，当你决心拒绝对方时，就会发现你之前所打算的一切后果和问题都不再是问题。在两性交往中，最大的问题就是明明对对方无意，还与对方暧昧不清，这才是破坏彼此之间关系的罪魁祸首。

第八章

美好的肢体语言

可以给你的社交加分

微笑能打开任何社交大门

在职场上，第一印象是非常重要的。虽然我们整天与同事上司和客户打交道，但并不意味着我们有很长的时间与这些人相处，尤其是面对客户的时候，如果不能在短时间内给他们一个良好的第一印象，很容易以后给我们的工作带来很大的困扰。

所以，很多职场人士费尽心力地规划自己的形象，整理自己的穿着细节，甚至精确到每一个表情、说话的语气和神态，就是为了给别人良好的第一印象，拉近自己与他人的关系。

我们倒不必如此极端，但注意自己在职场上的习惯性神态，的确能帮助我们塑造更良好而优雅的形象，发挥出女性的亲和力，更快速地拉近我们与他人的关系，这个重要的法宝就是——微笑。

科学研究表明，在面对一张微笑的面部表情时，我们的大脑皮层会更加活跃，心情也会更愉快，而对对方的评价更高。所以微笑的确是一个消除隔阂的重要武器，善用你的微笑能够几倍地发挥你的女性魅力，让自己与他人的沟通更顺畅。

　　小简是一家广告公司的新员工，在刚经历了几次求职挫折之后，她终于找到了这份工作。这让小简非常珍惜也很忐忑，担心自己在新的环境中无法适应。

　　上班的第一天，小简就傻眼了。广告公司的同事似乎都很忙碌，自从报道后安排了办公桌，就再也没有一个人来搭理自己。小简一个人坐在办公桌前，收拾完了少得可怜的个人物品，就坐在那里看着忙碌的前辈们。

　　孤独感瞬间让她非常紧张，所有人都板着脸面无表情地忙着，小简立刻感受到了工作的压力。就在此时，一个磁性而温柔的声音传了过来："你好，你是新来的小简吗？"

　　小简抬起头来一看，是个三十多岁的美丽女性，她正带着欢迎的微笑鼓励地看着自己，轻轻点头对自己的目光示以回应。这一刻，小简感到十分温暖，仿佛又重新燃起了工作的积极性，感受到了广告公司的群体对自己的接纳。

　　这个跟小简打招呼的人就是她的前辈，广告公司里最受欢迎的莉莉姐。虽然在小简上班的第一天，莉莉姐只是跟她打了一个招呼、微笑了一下，却给小简带来了极大的鼓励，这个微笑拉近了莉莉姐与她之间的关系，没过多久小简就成了莉莉姐背后的"小尾巴"。

　　而小简发现，莉莉姐在工作中不管遇到怎样繁乱的事情，都

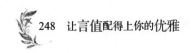

很少发脾气或皱眉，跟别人说话时第一反应永远是面带微笑的，而且这种微笑非常具有亲和力、十分真诚。这大概就是周围的人都很喜欢她的原因吧！

微笑虽然只是简单扯一扯嘴角，却有着非凡的意义和作用。当一个人被负面情绪所影响时，你冲他微笑，他也不会向你发泄脾气，这就避免了很多不必要的摩擦。而微笑对人也能让我们感受到快乐，有利于自己和他人交往。

在职场上，笑脸迎人的人总会比整日板着脸、皱着眉的人更受欢迎，谁不愿意跟让自己心情愉悦的人打交道呢？如果你不能保持微笑对人，只会让别人觉得你很不好相处，影响他人对我们的评判。

而微笑的面容能够向别人传递平和的心境，展现自身乐观的态度和愉悦的心情，这样的人才能够成为群体当中的发光点，不自觉地吸引别人，拥有难以抗拒的魅力。

微笑从另一个方面来解读也是自信的表现。在职场上，一个充满自信、专业能力强悍的人，在交流时总是意气风发、面带微笑的，而那些底气不足的人则会显得期期艾艾、毫无风度。所以，当你面带微笑与他人谈判或交流时，对方就会对你的专业能力有更高的认识，给予你更多的信任。

微笑也是传递友善和真诚的最直观方式。一个对你微笑的人当然不一定怀有善心，但你看到他人一脸严肃地看着自己时，却一定不想去接触。所以，指望别人看透严肃表象下的一颗热情之心，不如多用微笑对待别人，这反而能让我们在职场上获得更多信任和友谊。

最后，微笑也是能够传染的。微笑的气氛可以带动环境，让我们的同事或客户都感受到这种融洽氛围，有利于传播良好气氛。

微笑是社会交际当中最万能的通行证，掌握了这一秘诀，以笑脸迎人，我们才能真正蜕变成为成熟优雅的女性。

开放性的肢体语言更有亲近感

一个人的交谈技巧不仅体现在口头语言上，更体现在肢体语言中。一个会说话的女人，不仅仅嘴巴会说话，肢体行为更是会表达自己的想法，这样的人才能在社交场合中达成自己的目的，扩展自己的影响力。

根据调查研究，口头上的语言表达并非是大多数人的交流方式，在很多面对面的场景下，传递信息的不是我们的语言，而是肢体语言。哪怕你还没开口说一个字，你的肢体语言也能将你的态度、想法和感觉传达得八九不离十，这就是肢体语言的魅力所在。

为什么我们通过"连比带猜"的方式，就可以操着一口二流外语与外国人交流？先别对自己的外语能力有太高的判断，也许帮助他们理解你想法的，不是你那带着奇怪口音的语言，而是你到位的肢体表达方式。

语言文字是因地域而有差异的，但是肢体语言却可以推广到全人类，我们很容易从对方的肢体动作当中感受到他们是不是积极，是否有想要亲近的态度。所以，重视肢体语言相当重要。

如果你能采取开放性的肢体语言跟别人交流，对你的交谈更有帮助，因为它可以释放"亲近"的积极信号。

Q 小姐是公司非常有名的"谈判专家"，她很会掌握谈判的节奏和对方的心理，总是能拿下一些意料之外的项目。之所以如此，是因为在谈判时，她总能观察到别人的心理状态，并因此判断出对方感兴趣的地方在哪里，自然能打成"知己知彼，百战百胜"的战绩了。

Q 小姐刚签好的一个项目就是如此。在谈判过程中，当他们说到某个内容时，Q 小姐发现对方的负责人明显心不在焉，双手环抱在胸前，一只手的手指不停敲敲打打，眼神也有些游移。她知道，这种动作就代表对方现在很警惕、抗拒，并不太喜欢这个条款内容，而且对此也不感兴趣。看到对方这个态度，Q 小姐当机立断结束了自己的介绍，并微笑着建议说："我们也讲了挺久了，不如休息一会儿，带您去我们公司的休闲室逛一逛吧，也算是从另一方面了解我们公司。"

听到这里，对方果然欣然同意，立刻站了起来。Q 小姐这才松了一口气，在助理不解的目光下悄悄解释说："我要是再继续讲下去，估计对方就得直接为难我们或者下决心不想签这个项目了。"

带领对方在公司转的时候，Q 小姐意外发现了对方感兴趣的地方——他对公司的企业文化相当有兴致，连续在这样的宣传栏前驻足了好几次。Q 小姐就带对方去了员工们休息的地方，那里有免费的零食和饮料提供，还有舒适的沙发，经常有员工在这里一边休息一边讨论问题。

"我们公司不少好点子都是从休息室里创造出来的。"Q 小姐这样说的时候，对方负责人显然比较专注，身体也有所前倾，在 Q 小姐的经验中，这样的肢体动作就是"感兴趣"的表示，于是更注重介绍这些内容。

参观结束，几个人回到了谈判桌上，负责人态度明显好了不少："虽然你们公司的过往历史比较短，却是个很有发展的公司。"听到这句话，Q 小姐就发现，有门！果然，最后对方选择了签下这个合同，就是因为看好这家公司的发展。

通过肢体语言来判断对方的态度和情绪，可以让我们更准确地掌握好谈话的节奏，知道什么时候该说什么话，该多说还是一带而过。而且，肢体语言往往先于你的话，能将你的态度传达给别人，所以我们更应该利用好自己的肢体语言，让对方容易接受我们，容易用积极的态度对待我们。

开放性的肢体语言就有这种帮助，以开放的肢体语言对待别人，就算你还没有说话，对方天然也会对你产生一些好感和接受度，这就是开放肢体语言的潜移默化影响——它能打破你跟别人之间的隔膜和距离感。

什么开放性的肢体语言可以产生这种积极效果呢?

1. 微笑

微笑是非常积极的肢体语言,当你微笑时,就意味着对对方抱有善意,对方往往也会用善意回馈你,对你的话有更高接受度。关于微笑的力量,我们前面已经说得比较详细,就不过多赘述了。

而如果你在别人面前皱眉,人们立刻就会对你产生防备心态,因为皱眉代表你怀疑对方或者不接受他们的看法,所以对方也会用同样警惕排斥的态度对待。因此,一个爱皱眉的人往往不会获得太多周围人的善意,就是因为第一印象就给人留下了负面观感,并且激发了别人的防备心,自然无法释放善意了。

2. 张开的双臂姿态

如果你的双臂是张开的,意味着你的胸膛现在正向别人敞开,在过去这是非常危险的动作,因为毫无抵抗。正是因此,张开双臂的动作成为欢迎、信任别人的开放性肢体语言。一个自信、外向而且乐观的人,往往喜欢采取张开双臂的姿势,既能够表现出自己的高兴和愉悦,又能展现自己的自信感——他不需要防备别人。

如果一个自卑或者习惯防备别人的人,则喜欢将两手交叉放

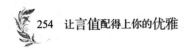

在胸前，这是一个典型的防御姿势。如果在交谈中出现这个姿势，就是抗拒、不接受和不理解的心态，你就应该注意对方的这种小情绪。

3. 身体前倾

交谈时，如果你在坐着的情况下不自觉地身体前倾，说明你对谈话的内容感兴趣，若是非常感兴趣，这种前倾的状态会更加明显。因为当你感兴趣，你就想离交谈的对象更近一些，这是一种下意识的行为。

所以如果别人这样做，就意味着你可以多说一些内容。当然，别人说话时你也可以身体前倾去认真听，对方会感受到你对他们的重视，更乐意继续交谈下去。

同样，如果你靠在椅背上，身体越离越远，就意味着你对谈话内容很排斥，并不感兴趣，甚至想要结束这段谈话。因为只有这个姿势，你才能最远地离开谈话者。

4. 适当的接触

开放性的肢体语言少不了适当接触，当然这种接触一定要注意分寸，应该有礼有节，而不是过分的密切。大多数时候，陌生人之间一个热情的握手，就足以成为他们适当的接触，表达对彼此的欢迎和积极的态度。一个热情的握手，往往能打破内心的忐忑，让人对接下来的谈话更具期待感和积极性，这就是一个开放的肢体暗示。

只有学会展示自己的热情与友好，并且能随时把握对方的肢体语言所暗示的意思，我们才能更好地掌握好谈话的节奏，不是吗？

交流时的眼神很重要

"眼睛是心灵的窗户"，如果在交流时，你总是不愿意注视着对方的眼睛，就无疑是主动关上了这个通往对方心灵的窗户，会失去很多重要信息，甚至是错过拉近彼此距离的机会。

在说话时，跟对方进行积极的眼神交流，可以最强烈地表达出你的欢迎与热情，更能鼓励对方继续说下去。如果你能在眼神交流的同时，再勾起自己的嘴角来个微笑，那简直是相当完美，因为你在散发这样一个信号：

"我愿意跟你交流，也愿意增进彼此的了解。"

还有什么信号能比它更加热情又含蓄委婉呢？所以，交流时眼神也是一种语言，一定不要错过眼神的交汇。

曾经有句传言，说如果你与异性对视超过十秒钟，对方就有机会爱上你。关于此还真有人做了实验，事实证明积极地对视之后，你潜意识里对对方的善意变多，你了解对方的冲动就越明显。所以，眼神交流的重要性是毋庸置疑的。

小 L 就是个不爱跟别人进行眼神交流的人。因为幼年时的一些原因，小 L 的性格比较自卑内向，所以习惯了躲避别人的关注，这一点最明显的表现就是她从来不敢注视别人的眼睛。

不管是平时还是说话的时候，哪怕就是两个人面对面交流，小 L 的目光也总是在犄角旮旯处徘徊，总之绝对不会挪到对方的脸上，更不敢进行眼神交汇。偶尔一两次不小心看到了对方的眼睛，小 L 的第一反应绝对是立刻挪开，就像是受惊了一样。

所以，跟小 L 说话时，人们容易产生的第一印象就是——这姑娘实在是不太尊重人，别人说话也不看着对方。而第二印象则是——她是不是做了什么错事，怎么看起来这么没有底气？

这天，小 L 在会场作报告，这对她来说是一个巨大的挑战。全场报告下来，小 L 一眼也没敢看下方，永远盯着眼前的屏幕投影，要么就是抬头看天。相比之下，别的报告者都会面带微笑扫视下方，虽然也未必能看到什么，但接触到他们目光的人都会觉得，他们是在跟自己说话，这样一来就显得更加得体，也更容易引起听众的关注。

所以报告结束后，上司就将小 L 叫到了一边，特意强调了一下："以后说话一定要看着人，不然显得太小家子气了，这样可不行啊！"

小 L 的这种情况，就是因为性格导致的行为缺陷，开始是自

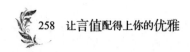

卑影响了她，让她下意识地选择逃避别人的目光，之后就变成了行为习惯，就算已经逐渐摆脱了过去的自卑，也很难摆脱目光游移的陋习。

这样一来，不仅容易给交谈对象留下不好的印象，还显得自己不够大气、做事没有底气自信，就给人带来了非常不好的影响。从小 L 的身上你也应该意识到，眼神的交流有怎样的重要性，千万不要忽视这个细节。

关于眼神交流，对待不同的人和不同情况也有区别：

1. 如果是不熟悉的人，最好不要长时间盯着对方

长时间注视一个不熟悉的人，很容易让人觉得是没有礼貌的表现。所以，如果你们之间没有交谈，没有接触，就不要注视一个人太久，否则别人会觉得你莫名其妙，并且生出恶感。

而在跟别人交流的过程中，也最好保证在 60% 左右的时间内注视对方，这是一个比较合理妥帖的范围。也就是说，大多数时间你应该看着对方的眼睛附近，表达对他的尊重和交流的专注，但是始终"紧迫盯人"也不是个事，所以最好选择一段时间去注视别的地方，给对方放松的机会，也给自己一个放松的机会。

2. 别人说话时，最好要有眼神交流

这并非意味着你要一直盯着对方，但是一定要跟对方有眼神

上的交流，这样才能显露出你对对方的重视，证明你在听他们的谈话。如果你总是看着别处，就显得心不在焉，对别人不够重视，自然也无法得到别人的认可。

3. 眼神交流也要传达一定的情绪

眼神交流并不是放空的，你应该在交流时传达一定的情绪。如果你想向对方释放善意，在对视的时候可以面带微笑，这样能够显得你更热情友好；如果你想要说服对方，就一定要跟他们有更多的眼神对视，而且眼神不能游移，这样才能显示你的坚定……眼神能够传达出你在想什么、你是一个怎样的人，是一个人气质的体现，所以一定要注意自己的眼神。

4. 学习一些眼神交流的技巧

总有一些人不习惯在较长时间内跟别人进行眼神交流，那么我们可以学会以"三角区"注视法来代替眼神上的交汇。很简单，就是先跟对方进行一下目光接触，也许只有几秒，这就足够了。然后，你的目光应该主要集中在对方脸部的三角区位置，就是眼睛到鼻子的范围内，当然这个范围也可以扩展到嘴唇、耳朵甚至是头发，在这个范围内游移都可以看作是次级的眼神交流，之后再偶尔对视一下，就可以让对方觉得受到重视和鼓励了。

如果交谈时缺乏眼神上的必要交流，就会让两个人觉得不自

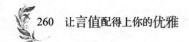
在，甚至是陷入莫名其妙的尴尬之中，而且给别人留下的印象也不好。所以，学会眼神交流还是很有必要的，它能让你提升自己在别人眼里的印象。

专注倾听可以体现在动作上

一个受欢迎的女人可以不太爱说话，但一定要会倾听。

每个人都有获得别人认同的欲望，区别只在于这种欲望的强弱。因为迫切需要认同，所以我们总在不停地说，诉说自己的感情、经历、动机、想法，能让我们获得情感上的满足。尤其是从别人那里获得积极反馈的时候，我们会发自内心地感到幸福——看，有一个人认同我，与我有共鸣。

所以，诉说是一个人生而具备的本能，更是一种满足情感需求的方式。当每个人都有诉说的欲望时，倾听就显得格外可贵。

"说"是让自己获得满足，"听"是满足他人。我们生来就会追求自身欲望的满足，但却很少能有主动、自发满足他人的想法，所以"听"看似很容易，却甚少有人能完美地做到。但也同样，只有倾听能力强的人，才能在社交场合展现出自己的价值和魅力。

社交舞台不为某个人而设，没有谁是聚光灯一直追寻的焦点。

如果我们的一切社交行为都以满足自己为目的，就会暴露自私、让他人远离，更谈不上"受欢迎"三个字了；相反，在社交时优先满足他人的人，相处起来会更加舒服，更容易得到众人的喜爱。

故而，一个优雅而受欢迎的女人绝不是聒噪啰唆的，甚至可能拙于言语，但她一定有专注倾听的修养。

有位女经理人在业界非常有名，她自身能力强，人际关系广，最重要的是跟她合作共事过的伙伴、下属和上司，即便不夸她好也基本挑不出错，大家普遍都很欢迎她。

在职场打拼过的人都知道，雷厉风行、精明干练是容易做到的，但众口称赞却难如登天。没有人可以真正做到八面玲珑，我们总会因为大事小情跟某些人产生摩擦，所以没有谁会奢求别人都喜欢自己、夸赞自己。这位女经理在绝大多数人那里都获得了好评，本身就是能力的一种表现。

所以在见到她之前，我一直认为这是一位精英式的完美人物，但真正见面、交谈过之后，却发现跟自己想象的完全不同。

我对她的第一印象有些失望，跟想象中的风姿卓然不同，她看起来非常平凡、毫无攻击性，"温和"是唯一的标签。这样一个女人，像家庭里操持一切的母亲，像学校里兢兢业业的教师，像成功的男人背后的妻子，唯独不像一个职场上的女强人。她到底是怎样凭借着这样温和的形象，打拼出如此庞大的江山的呢？

她虽然同样有智慧、有气质，却不是侃侃而谈的人，在交谈过程中更多的是别人讲、她听，偶尔提出一些建设性的意见。当她说话时，你会发现她提出的问题一针见血、表达的见解十分犀利，让人顿生敬意。但这样的风采又往往是一刹那的，很快她就又沉默下来，进入倾听的状态。

如果是一般人，有这样的见解胸怀，必然是有非常强烈的表达欲望，相信他们的听众也不会少。但她虽然有可说的内容，却很谨慎地开口。

相反，她更乐于倾听。当我与她交谈时，她会专注地看着我的眼睛，带着笑意微微点头，对我的想法予以回应。同时，她的身体也会微微向前倾斜，仿佛专心地沉浸在我们的谈话，或者说我单方面的讲述中。

这给我带来了极大的自信与支持，让我觉得更有倾诉欲望了。与此同时，我也不可避免地对这个倾听者产生了善意、感激和亲近。在这个人人都急于表达自己的时候，有一个安静的倾听者是多么幸运而令自己感到愉快的事。

当交谈结束后，我彻底对她产生了改观。一个成功的女人也可以是这样的，她的风采内敛、举止温和，但有倾听的耐心和善意，就足以在社交场合成为最不可或缺的受欢迎者。

学会倾听比拥有好口才更加重要，一个会说话的女人更应该先学会听。当你的倾听对象更加优秀，你可以从倾听中学习，这不仅是知识和经验的学习，还是表达、说话的学习。先听懂了，

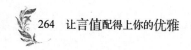

你才能会说话。

即便你倾听的对象言论并不十分精辟，听也是一种提升修养、维护感情的方式，更是对别人表达必要的尊重。很多时候，说的内容并不重要，双方倾诉和聆听的过程才是最重要的。说的人因为找到了听众而获得满足，有时并不在意你是否认同；听的人凭借耐心和善意建立更深的感情，也不必过多追究对方说了什么。

让别人感受到我们倾听的认真很重要，而这不仅从语言、态度上，更能从行为上体现出来。一些细微的表情、动作可以展示我们的专注，让我们的倾听质量变得更高、与倾诉者的互动更好。下面几个细节就可以帮助你，通过动作来打造倾听的好形象：

1. 面向你的倾听对象

大多数人说话的时候都是面对面，即便你们站在一起，面向什么方向并不影响听到彼此的声音，但只有面对面才会被认为是正式的。没有人喜欢自己的听众左顾右盼，或者干脆给自己一个背影，这种动作在明确传达着"不专心"的讯息，很影响谈话的欲望。

推己及人，当你选择倾听时，倾诉者也不愿意看到你的不专心，所以选择面对着对方是一种最基本的礼貌，是决定你的倾听能否起到作用的关键。

2. 采取开放性的动作，让彼此更加舒适

动作可以展现心理状态，举个例子，双手放在椅子扶手上，就是一个较为开放的动作；选择将手环抱在胸前，就是一个下意识的保守动作。开放性的动作非常舒展，让人一眼看出你的舒适、轻松和愉悦；保守性动作多半都有自我保护的倾向，说明你并没有准备在这个场合袒露内心，而这种心理也会通过动作影响别人。

一个开放性的动作会传达给别人积极的态度，让对方感受到你乐于参与谈话，沉浸于倾听当中，谈话者就会更有聊天兴致，也会营造更轻松的气氛；相反，保守性的动作传达出的是"抗拒"和"警惕"，会给对方心理上的压力，让他们也同样以谨慎警惕的态度对待你。

3. 身体可以稍稍倾向倾诉者

我们身体的下意识行为会表现自己的想法，当你对一个人感兴趣，自然会不自觉地往对方身边走，希望靠近他、吸引他的注意。很多人在相谈甚欢时，都会逐渐凑到对方身边，远看甚至出现"头碰头"的情况，正是在用诚实的肢体动作来表达自己内心的热情。

所以倾听时，如果你想跟对方有更加密切的交流，身体是一定会逐渐倾向对方的。相反，向对方的反方向倾斜，就是你在排斥、厌烦这场谈话，给对方传达出希望快点结束交流的信息。

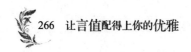

珍惜你的倾听机会，假如不想让这样的交谈过快结束，就要往正确方向倾斜自己的身体。一个小细节，可以影响整个谈话氛围。

4. 倾听时，要看着对方的眼睛

眼睛是心灵的窗户，靠近对方心灵最快速、直接的渠道就是与对方实现眼神的交汇。尤其是在交谈时，看着对方的眼睛可以表现出你的专注与尊重，更能展现自己的自信与从容。

一个人如果连直视对方眼睛的勇气都没有，显得自卑怯懦、举止失当，十足的"小家子气"。做一个成功的受欢迎女性，就要习惯于直视交谈对象的眼睛，这不仅是在尊重别人，更是对自己的肯定和尊重。而且眼神的交汇会让对方升起更多的倾诉欲望与底气，双方的交谈将更容易进入白热化状态。

倾听，不只是动动耳朵就可以，几句恰到好处的反馈话语，一个鼓励对方的友善动作，都能让倾诉者产生熨帖，拉近彼此之间的关系。一个受欢迎的女人必然是欢迎别人、对别人友善的，一味对别人高冷，缺乏对其他人的关注和尊重，无法获得别人的热情。要记得，在这个成年人的交际环境里，没有人喜欢永远一头热。所以，如何传达自己的友善、尊重，将成为影响我们形象的关键因素，倾听就是非常好的一种选择。

自信感决定你能否游刃有余

　　在社交场所中，举止优雅往往与自信分不开。一个举止优雅的女人对自己的评判绝对不会很低，她们会有明确的自我认知，知道自己是值得信任的，是足够优秀的，所以优雅的女人必然自信；而一个自信的女人，大多都在当前环境下游刃有余，她们有资格去自信，也明白自己绝对能够展现风采，所以这样的女人也大多都是优雅的。

　　因此要成为一位优雅的成熟女性，保持自信的态度非常重要。它能够放大我们的美丽，让我们外在的风采得到内在的精神支撑，变得更加厚重而磅礴。

　　在这家世界五百强公司中，小官就是一个极其不自信的姑娘。不是名校出身的她经过层层筛选，意外被留了下来，成为这家公司的正式职员之一。同事们谈起小官的经历，用得最多的评价就是"幸运"——以往，可还没有这样履历的毕业生能够留下来呢！

　　其实小官能够被留下，打败那些来自名校的竞争者，必然是有一定实力的，甚至于她的能力比那些背景雄厚的人更强。但她却没有意识到这一点，小官总觉得自己总是不如名校出身的同事，说话做事时就有些没底气、过于谨小慎微，让人觉得不够大气。

　　上司是这样评价小官的："她哪里都好，就是太没自信了，格局太小。"的确，过去那些能力还不如小官的人，因为自信，已经向着更高的目标攀登，也变得越来越优秀了；而小关则因为不自信，总觉得自己能够获得这份工作已经非常幸运了，也不敢去竞争什么更高的职位，反而蹉跎了岁月。

　　直到上司实在看不下去了，在升迁之前将小官叫到了自己的办公室："当初公司决定留下你，是看中了你比名校毕业的学生更有一份闯劲儿和敢拼的意识，为什么现在你却不自信了呢？其实你非常优秀，要相信自己呀！"

　　小官有些茫然，但更多是一种源于上司鼓励而产生的兴奋与期待。就因为这样一番鼓励的话，她逐渐有了底气，改变了自己过去犹犹豫豫、不敢决定也不敢判断的做事习惯，渐渐地恢复了以往风风火火的样子，反而在公司里混得如鱼得水。

　　不自信不仅会让我们在职场上寸步难行，也会体现在我们的外在形象上。而建立自信的过程绝不只是依靠自己的"洗脑"，我们还可以从其他方面给自己暗示，让自己展现出自信。

1. 得体的服饰装扮可以让我们更加自信

在一个大群体中，如果只有自己穿得格格不入，就会立刻感到不自在，产生想要躲藏起来、别被关注的想法。但是，假如你的外在形象得到了自己和周围环境的认可，就会更加积极地参与到社交中去，而且觉得更有底气——因为你知道，外部装饰不会给你拖后腿，所以才能更自然。

因此，重视自己的外在形象，多花费时间在打扮上并不是一件过分的事。对于职场女性而言更是如此。特别是在晚宴等特殊场合，我们更应该选择一件真正喜爱的礼服，给自己一个展现魅力的基础，让外在装扮彰显我们的身份与修养。只有这个基础打好了，我们才更有展现自己的积极性和自信心。

简而言之，如果一切参与社交活动的负面情绪都来源于不自信，那就创造条件让我们相信自己好了！觉得哪里有不足，就改进哪个地方。

2. 在进入社交场合之前，如果你担心自己的举止不够优雅，不妨进行充分的准备

这样可以给我们带来底气。花上一点点时间了解一下这个社交场合的主要参与者，对他们的信息进行分析，比如这是一场什么性质的聚会，主要目的是什么，我们感兴趣的参与对象都有怎

样的喜好和习惯，我们能借助什么样的机会与他们进行交流……当你感到心虚而胆怯、不自信的时候，不如提前解决好这些问题。在准备的过程中你会感到更安全，而且提前对可能出现的话题进行演练，也可以让我们在社交场合中表现得更加游刃有余。

3. 有主人的小型社交聚会中，更有礼节的表现可以让我们自信感更强

比如给主人携带一份伴手礼，就能让我们避免遇到"别人送礼物而我没带"的尴尬，防止因此影响自己的情绪。而且，有礼有节的举止也能让别人对我们有更好的评价。

4. 在与别人交谈的时候，一些小习惯也暴露了我们是否自信

不要担心与他人进行眼神交流，许多不自信的人都习惯于避开别人的眼睛，事实上这不仅显得自己毫无底气，而且非常没有礼貌。直视对方的眼睛，将我们的善意和兴趣传达给他，不仅可以让谈话变得更加热烈，而且也能让彼此之间的感情更加深厚。

如果你觉得自己没有什么表达的欲望，也担心自己说错话而招来笑话，不要紧，耐心的倾听可能会让你更加招人喜欢。当有人说话时，眼睛停留在对方身上，不时以点头或微笑来回应，让对方知道你在认真倾听，这会给他们带来更大的满足感。有时候，过于自信地侃侃而谈，可能还不如认真听别人讲话更能引来善意。

自信其实很容易，优雅女人的自信更是内敛而温润的，只要我们对自己有正确评价，足够自爱而自我认同，就能够产生自信的举止。

社交场需要良好的姿态礼仪

一个会说话的女人，不仅能在语言上得体而且让人产生好感，更能在姿态上就彰显自己的气质。姿态也是一种语言，是肢体上的语言暗示，能够让人直观地感受到你是一个怎样的人，对你的语言表达有着非常好的协助作用和影响力。

所以，想带着自己高超的"言"值在社交场合大杀四方，你还需要最后一课，那就是培养自己良好的姿态礼仪，以一个优雅的形象步入到社交当中，对你的气质打造和个人魅力培养，都有着非常重要的影响力。

试想一下，如果一个姿态不良、坐立行走都不美的人，还想强调"气质"，该是多么可笑的一件事。气质很多时候就来源于你的姿态礼仪，它是气质的骨架，没有它支撑着，人们根本没有耐心去关注你的说话技巧、你的内涵与魅力，直接就会认为你是个不够"档次"的人。因此，越是重视形象的女人，就越要培养自己的姿态礼仪。

良好的体态带来的影响力，可以超越年轻，超越肤浅的皮相之美。70多岁的郑少秋被路人拍到过马路的场景，依然是行走如风、肩背挺直，走得比身边的年轻人还要风度翩翩，让人根本意识不到这是一个已经年逾古稀的"老人"了，这就是体态带来的影响。因为体态会影响气质，而气质也对"言"值产生连锁影响，我们就应该重视自己的姿态问题。

关于姿态的问题，T小姐应该是深深理解其中的门道。刚进入职场的时候，T小姐最苦恼的一件事就是自己没有气质。就算自己身材不错，也花钱精心准备了几套衣服，可是穿在身上就是体现不出气质来。相比于那些游刃有余的"白骨精"们，T小姐总觉得自己还是一副丑小鸭的样子，所以常常感到自卑。

开始，T小姐觉得自己缺乏气质是因为还没有经过历练，只要在职场中待的时间长了，总能培养出成熟女性的高贵优雅来。可是一年过去了，T小姐已经成为能独当一面的前辈，气质还是遥遥无期。

最后，还是一位前辈一语道破了天机："小T啊，我怎么觉得你整天无精打采的。来，抬起头挺起胸来，年轻人就得精神气十足才行啊！"

前辈一巴掌拍在T小姐的背上，也拍醒了她的疑惑——是不是自己体态不好，所以才总是显得没有气质？她仔细在镜子里照了照，发现当自己抬头挺胸的时候，虽然看起来有点僵硬，还真有点"气质"的影子，挺像那么一回事。所以，T小姐总算是找到了一个奋斗目标——练瑜伽，改变自己的气质。

练了两年的瑜伽和成人芭蕾，T小姐的体态越来越好。倒不是说她更瘦了，而是说她该挺直的地方挺直了，该抬起的头抬起来了，走路时也不一扭一歪总是外八字，自然显得更有魅力。体态带来的转变是巨大的，T小姐现在就是个行走的衣架子，穿什么衣服都好看，也有了难以言说的韵味和气质。

其实，美是共通的，所以想要有气质，就一定要有好的体态，而不是畏畏缩缩，显得毫无精神。一个年轻人如果没有好的体态，就算有青春也都浪费了，让人看起来相当没气质。而年纪大了如果体态还是不好，更容易让人觉得"猥琐"或者"不精神"，这对女性来说几乎是一个致命的大问题了。

我们可以从基本的几个地方去出发，看看体态礼仪都有哪些。如果想要培养自己的气质，就应该有更高要求，才能培养出良好的外在美，并且与内在美结合在一起。

1. 站姿

站姿好不好，直接影响了一个人的气质。在日常生活中，我们会遇到很多需要站立的情况，与别人的交流也不总是坐着的，所以站的时候漂不漂亮，有没有气质，能不能给人带来眼前一亮的感觉，直接影响到别人对我们的第一印象和看法。

　　一个正确的站姿，不必特别美，但一定要端正自然，让人感觉到亲切与稳重。上身要挺直，目视前方面带微笑，能够立刻体现出你的精神气；下颌不要过分扬起，而是保持微收的状态，这样显得更加谦虚和亲切；挺胸抬头，保持肩背挺直，同时不要弯腰，这是气质的骨架，如果做不到这一点，就很容易让人觉得小家子气，或者气质猥琐；两臂自然下垂，两腿靠拢站立，这样显得行为庄重。有些人站着的时候也总是不老实，不是甩手臂就是喜欢抖腿，也许你觉得这不算什么，但对别人来说，这就是一个非常垮的形象。留下这样的形象，往往会让人觉得你不够正经，如果是女性的话，那就更严重了，会让人觉得相当没有气质。

2. 坐姿

　　大多数社交场合的交流都是坐着进行的，所以一个优雅的坐姿，能够让我们在交流过程中，既舒适又带给别人一个良好的形象。好的坐姿不仅能体现出你自身的气质，显得自信友好，也能让你展现出女性特有的风范。所以一个自然大方又优雅有气质的坐姿来面对他人，通过调整不同的坐姿来适应不同的环境，以配合自己的说话内容，都是很重要的。

　　坐着的时候千万要注意端庄大方，可以让腰背靠着椅背，但不要瘫软在座椅上。著名的"北京瘫"虽然看起来就很舒服的样子，但并不适合在公共场合出现，而且过分放松的坐姿不仅会影响到你的形象，还容易让你的心情也受到影响，因过于放松而失去警惕。保持一个优雅的坐姿，也许需要你转移一些注意力在上面，但也有助于你时刻保持一种精神集中的较为紧张的状态，这在较为正式的场合当中是很重要的。

正确的坐姿有很多种，关于坐姿的细节，你可以去自己学习，并选择一种自己最喜欢的。不雅的坐姿也有很多典型，而且常常出现在我们身边，一定要注意这些坐姿禁忌：

瘫软在座椅上，半躺着，很容易让人觉得你是一个懒散没有精神的人；

坐着的时候喜欢跷二郎腿，或者喜欢抖动双腿，显得没有修养，缺乏内涵；

把头仰在沙发靠背上，在与别人交流的时候也仰着下巴，这种行为显得过分张扬，缺乏礼貌。

3. 走姿

一个人的体态美不美，动起来就能看出，所以行走时的姿态也是非常重要的，更能展示出动态的美丽和一个人的风度。

对女性来说，走路的时候一定要双眼平视前方，抬头挺胸，不要总是低着头注视脚下的地面。同时伴随着向前的走路姿势，双臂也应该在身体两侧自然摆动。脚步越轻越好，如果走路的时候能够有一定的节奏感，那会显得更加富有魅力。

对女性来说，一定要避免几个不良的走姿习惯，比如外八字或者内八字等，这些走路姿势都容易让我们显得气质不够优雅，而且长此以往，也会造成骨骼的变化，最后很难再矫正回来。

社交中良好的体态和得体的语言一样重要，对一个人来说，想要展现自己的风度和气质，就应该二者兼备。只有这样，才能成为一个真正具有气质的女人。